「解く」ことに特化して最大効率の学習！

大学入試 現代文・一問一答

読解ラボ東京代表
・増田塾講師 長島康二

ごま書房新社

はじめに

現代文講師の長島です。よろしくお願いいたします。

早速ですが、現代文の参考書で一問一答とはどういうことだ？　とお感じの方が多かろうと思いますので、本書の特徴についてご説明いたします。

【見開き1ページの中に文章と設問】

本書で扱う問題は、すべて入試問題の一部を切り取ったものです。

見開き1ページに文章（傍線・空欄およびその前後）と、その文章にある情報だけで解ける設問を一題載せております。要するに、短い文章を読んで、問いを一つ解いていただくスタイルです。

このスタイルであれば、一問一答と呼んでいいだろうということで、本書のタイトルに「一問一答」とつけた次第です。

【大学入試の現代文は歪んでいる?】

さて、ではなぜそのような形式の問題集を作成したか、というところに話を移します。

正直に申し上げて、大学入試の現代文は歪んでいると思います。なぜなら、受験生がきちんと内容を理解できる文章はほとんど出題されないからです。

というのも、理解できる文章を出してしまうと、みなさん高得点になるでしょう。しかし、それではテストとして成り立ちません。平均点が6割くらいだからこそ、優秀な方とそうでない方を見極められると考えられています。

では、出題者はどうすべきか。受験生が理解できない文章を出せば良いですね。そうすれば、みなさんうまく対応できず、平均点も6割くらいに落ち着いてくれます。

【「解く」ことに特化した学習を!】

さて、このような歪な科目を我々はどのように学習すべきでしょうか。

現代文は「読む」と「解く」の二要素から成り立っています。そして、「読む」ことがかなり難しいのです。

であれば、「解く」に特化した学習をすることになるのが当然の帰結でしょう。そこに、一問一答スタイルを採用した理由があります。

この形式であれば、みなさんにお読みいただく文章量が減ります。つまり「読む」の要素を薄くできるのです。裏を返せば、それだけ「解く」方に集中できますから、より「入試現代文」に適した学習ができるだろうということです。

また、現代文の問題はまず傍線や空欄の前後を見ることから始まる場合がほとんどです。しかし、近年の受験生はその作業が苦手なようです。

文章量を減らすことで、その前後を見るという作業をせざるを得ない状況になるかと思います。これも一問一答スタイルの大きなメリットです。

【三部構成でより有効な学習を目指す】

入試現代文の大部分は「空欄に入る言葉を考えよ」・「傍線を説明せよ」・「傍線の理由は？」の三種類の設問で占められています。本書ではこの三種類に対するアプローチを徹底的に学習していきます。

第一章は、「空欄に入る言葉を考えよ」という問題を扱います。10問収録しました。ここで、「前後をチェックする姿勢」と入試問題で最も重要な「三段論法」というアプローチを習得できるようにしております。

第二章には「傍線を説明せよ」という類の問題を20問収録しております。説明を求める問題は、受験において最も出題されるものですから、ここでその対処法をマスターしましょう。第一章の問題数が若干少ないのは、学習内容が第二章とかなり被るからです。

最後に第三章ですが、ここでは「傍線の理由は？」と聞く問題を15問扱います。合計45問を収録しているわけですが、ぜひ順番通りに解き進めてください。似たタイプのアプローチを連続して集中的に触れていくことで、解き方がより確固たるものになると思います。

また、そうなるよう順番は十分に配慮いたしました。

【本書を極めたらどのレベルまで到達できるか】

さて、本書の45問をしっかり消化できた場合、どのラインの大学まで戦えるようになるでしょうか。本書を通して、「前後を読み、解法に基づいて答えを探す」という習慣が身に付けば、日東駒専クラスで合格最低点を取れるようにはなります。

ＭＡＲＣＨや最難関私大、国公立大ではどうでしょう。

一口にＭＡＲＣＨと言っても、その中で受かりやすさに差があります。ＭＡＲＣＨの中でも比較的受かりやすい大学・学部であれば、本書を消化しきるだけで、合格最低点マイナス５〜10には届くと思います。

他教科で貯金を作れる方なら、合格圏内ですね。ただ、原則として、ここ以上をめざすなら本書＋αの学習が必要でしょう。本書では、扱いきれなかった応用的な問題への訓練が求められます。では、応用的な問題とはどのようなものか。それは本書の「おわりに」で述べることとします。気になる方は、問題の前にそちらからお読みいただいても構いません。

また、入試問題の大部分が「空欄に入る言葉を考えよ」・「傍線を説明せよ」・「傍線の理由は？」の三種類から成り立っていると申しました。

他のタイプの問題も、この三種類のちょっとした変化形であることがほとんどですから、やはりこの三種類に対するアプローチをマスターしていただきたいです。

この点も「おわりに」で触れておりますので、ぜひそちらもお読みください。それでは、まずは45問をしっかりとこなしてみてください。頑張りましょう。

２０２１年６月

長島　康二

大学入試現代文・一問一答◆目次

はじめに……3

第一章　空欄に入る言葉を考えよ

ステップ**1**……14
ステップ**2**……18
ステップ**3**……22
ステップ**4**……26
ステップ**5**……30
ステップ**6**……34

ステップ7 …… 38
ステップ8 …… 42
ステップ9 …… 46
ステップ10 …… 50

第二章　傍線を説明せよ

ステップ11 …… 54
ステップ12 …… 58
ステップ13 …… 62
ステップ14 …… 66
ステップ15 …… 70
ステップ16 …… 74
ステップ17 …… 78

ステップ18 …… 82
ステップ19 …… 86
ステップ20 …… 90
ステップ21 …… 94
ステップ22 …… 98
ステップ23 …… 102
ステップ24 …… 106
ステップ25 …… 110
ステップ26 …… 114
ステップ27 …… 118
ステップ28 …… 122
ステップ29 …… 126
ステップ30 …… 130

第三章　傍線の理由は？

ステップ31 …… 136
ステップ32 …… 140
ステップ33 …… 144
ステップ34 …… 148
ステップ35 …… 152
ステップ36 …… 156
ステップ37 …… 160
ステップ38 …… 164
ステップ39 …… 168
ステップ40 …… 172
ステップ41 …… 176

ステップ**42**……180
ステップ**43**……184
ステップ**44**……188
ステップ**45**……192

おわりに……196

第一章　空欄に入る言葉を考えよ

【ステップ1】

現実の見え方はひとつに定まらない。こうも言えるし、ああ、も言える。そうした複数の視点に想像力が働き、ひとつの視点に縛られない柔軟性をもつことは、異質な人間同士、文化同士の共存の道を開く。

欧米流に論理的に一貫しているというのは、他の視点を抑圧し、封じ込めることにつながる。自分の意見に一貫性をもたせようとするあまり、例外的なものに目をつぶるということが起こりがちとなる。

たとえば、自力で解決しなければという思いもあれば、だれかに頼りたいという思いもある。ある人に甘えたいという思いもあれば、反発する思いもある。

私たちの心の中には、いろんな思いが渦巻いている。

私たち人間の心に一貫性があるのではなく、一定の考えや感情と矛盾するものをノイズとして切り捨てることによって、□がとられるのだ。

心理的抑圧があまりに深刻だったところに抑圧概念を基本とするフロイトの精神分析が生

まれたのだと考えれば、西洋の人々の心の深層に抑圧の心理メカニズムが広く見られたということだろう。

その精神分析が欧米でさかんであることは、欧米社会に抑圧の文化的風土が浸透していることの証拠と言えないだろうか。

問　空欄に入る最も適切なものを次の1〜5の中から選べ。

1　自己の多面性の体裁
2　抑圧にも寛容な態度
3　論理的一貫性の装い
4　個別対応の心の構え
5　心理的抑圧の同一性

【ステップ1　解説】

空欄に入る言葉を考える問題です。

現代文の問題を解くときの原則は「空欄や傍線の前後を読む」です。前後を見て、その傍線なり空欄なりがどのような内容かつかむことから、解く作業が始まると言ってよいでしょう。ということで、まずは空欄の前後に注目です。

「矛盾するものをノイズとして切り捨てることによって、［　］がとられる」と書かれていますから、空欄＝「矛盾するものを切り捨てれば得られるもの（Xと置きます）」だとわかります。

このようにイコールの内容をつかんだら、さらにイコールの内容を追っていきます。

では、矛盾を切り捨てることで何を得られるのでしょうか。

本文の5行目に、「一貫性」と書かれています。一貫しているということは、矛盾がないということですね。

したがって、X「矛盾するものを切り捨てれば得られるもの」＝「一貫性（Yと置きます）」

です。空欄＝Xで、X＝Yですから、空欄とYはともにXと同内容です。

したがって、この二つ（空欄とY）もイコールなのだとわかります。このような考え方を三段論法と呼びます。式にまとめれば、次のようになります。

傍線＝X
X＝Y
よって、
傍線＝Y

今回は空欄に入る言葉を考えるのでした。空欄＝Yなのですから、Y的な内容が入りそうです。そしてそれは3ですから、3が答えです。

【ステップ2】

ことばがいつ誕生したかを問うことは、言語中枢と命名された脳の部位が、いつ人間の祖先にでき上がったのかを問うことと、たいへん近くなってくる。

こう考えると、ものいわぬ過去の遺物からでも、祖先がおしゃべりしていたかしなかったかを推定できるのではないかと、考えられるようになった。

とりわけ突破口となったのは、ふつう右利きの人では言語中枢は左側にのみ、存在するという事実だった。周知の通り、脳はまん中を境に、左右二つの半球に分割されており、双方は脳梁《のうりょう》と呼ばれる太い線維の束で連絡されているのみである。

両者は形として、ほぼ対称なのだが、右利きの人では［　　］がやや大きい。それはこちら側にのみ、言語中枢が発達することに主に因《よ》っている。

むろん、たまに例外の人も見られる。ただしその時でも、今度は右半球に言語中枢が局在するわけで、「どちらか一方にしか発達しない」という原則は貫かれる。これを人間の脳における、半球優位性という。

問　空欄に当てはまる語は何ですか。次のア～オより一つ選び、記号で答えなさい。

ア　前
イ　左
ウ　中央
エ　右
オ　後ろ

【ステップ2　解説】

空欄に入る言葉を聞いている問題でした。まずは空欄の前後に注目です。「右利きの人では□がやや大きい」とあります。ここから、空欄＝右利きの人が大きくなるもの（X）だとわかります。

次にもう少し前を見てみましょう。「ふつう右利きの人では言語中枢は左側にのみ、存在する」と書かれています。また、空欄の後ろには「やや大きい。それはこちら側にのみ、言語中枢が発達することに主に因っている」とあります。言語中枢が発達すると、大きくなるのですね。

そして、右利きであればその言語中枢が脳の左側にあるのです。

以上より、「右利きの人が大きくなるもの（X）」＝「脳の左側（Y）」だと読み取れますね。三段論法を使えば、空欄＝Yだとわかります。したがって「左」と書かれているイがYと合致するので、イが答えです。

MEMO

【ステップ3】

均一なレトルトのパックや自動販売機のシステムは、言うまでもなく見える人が見える人のために設計したものです。率直に言って、見えない人を排除しています。

福祉的な視点に立つなら、あるいは「情報」的な視点に立つなら、そうした排除は可能な限りなくしていくべきでしょう。パッケージに切り込みの印をつけるようメーカーに要望したり、自動販売機に音声案内をつけるように働きかけたりすることもひとつの方法です。実際に、そのような製品も出回っています。

けれども、難波さんがとったのは全く別の方法です。

健常者が、いわば［　　　　］中身どおりのソースをパスタにかけているかたわらで、難波さんはそれを遊びのツールとしてもとらえている。

いまだかつて、レトルトのパックで運試ししようと思った健常者がいたでしょうか。

大都市をジャングルとして生きるヤマカシのように、自分の体に合わないデザインやサービスをナナメから見てみる。そうすることで、彼らの方がむしろ遊んでいるのです。

問　空欄に入る言葉として最も適切なものを次から選び、記号で答えなさい。

ア　「これ見よがし」に
イ　「退屈そう」に
ウ　「いつも通り」に
エ　「大まじめ」に

【ステップ3　解説】

まずは空欄の前後に注目です。

「健常者が、いわば□中身どおりのソースをパスタにかけている」とあります。

ここから、空欄＝健常者がやっていること（X）だとわかります。

次に、空欄のすぐ後ろの部分をご覧ください。

「難波さんはそれを遊びのツールとしてもとらえている。」とあります。

障害を持つ人は遊んでいるのです。障害を持つ人と健常者は対（逆）ですから、X「健常者がやっていること」＝「遊びの逆（Y）」だとわかります。

三段論法を使えば、空欄＝Yですね。このYと合致するのはエになりますから、これが答えです。

MEMO

【ステップ4】

特に福島県では、地震や津波の被災だけでなく、原発事故によって数多くの人たちが移住や避難を迫られたため、「コミュニティの再生」は大きなテーマになっている。いわき市民と双葉郡民との分断だけでなく、双葉郡内でも町村が違えば立場は異なり、出自を隠したり、子どもたちが親の職業を秘密にしたり、賠償金の多い少ないで軋轢《あつれき》が生まれたりと、かなり複雑な状況が生まれてしまった。

これもまた「コミュニティの分断」というものであろう。ほんの隣町の住民同士なのに、心のモヤモヤはなかなか晴れることがない。

□を期待されているのがアートプロジェクトである。

人と人の心を通わせる、地域の住民と被災者の心をひとつにする、バラバラになってしまった地域コミュニティをつなぎ合わせる、というような課題と目的が先に設定され、そこにアートプロジェクトなどの文化事業が挿入されるという形だ。

特に震災後は潤沢な復興予算がある。自治体としては、それを使って地域に様々な文化事業を提供しよう、あわよくば、それらの課題を改善させようという狙いがあったことだろう。

問　空欄にはどのような語句がはいるか。次の中から最適のものを選び、記号にマークしなさい。

A　コミュニティと行政の一体化
B　コミュニティと文化の一体化
C　コミュニティの下請けの役割
D　コミュニティの統廃合の役割

【ステップ4　解説】

空欄に入る言葉を考える問題です。

まずは空欄の直後に注目です。

「□を期待されているのがアートプロジェクトである」とありました。ここから、空欄＝「アートプロジェクトに期待されているもの（X）」だとわかります。

では、Xとは何でしょうか。もう少し後ろを見てみましょう。

「バラバラになってしまった地域コミュニティをつなぎ合わせる、というような課題と目的が先に設定され、そこにアートプロジェクトなどの文化事業が挿入されるという形だ」とあります。ここから、X「アートプロジェクトに期待されているもの」＝「バラバラになったコミュニティをつなぎ合わせること（Y）」だとわかります。

このYと合致するのはDですね。「再統合」という言葉が、「つなぎ合わせる」という内容をとらえています。

ちなみに、A・Bも「一体化」とあり、つなぎ合わせるという意味だと解釈できます。ただ、今回はコミュニティ同士をつないでいますから、「行政」・「文化」といったものが入ってはいけません。

【ステップ5】

一九六一年、わたしが京都大学に入学して間もなく『京都大学新聞』によって行なわれた学生意識調査（六月五日号）の結果が参考になる。

質問は、「大学での勉強についてどういう態度でのぞんでおられますか」というものである。

一回生で回答の多い順にみると、「大学卒としてはずかしくない教養、技術を身につける」四五％、「真理探究に徹底する」二三％、さらに、「社会進歩発展のための学問を進める」二〇％、「大学の学問そのものに期待していない」四％、「単に就職にさしつかえない程度に勉強する」二％、「無回答」六％である。

上位回生になると無回答が多くなるが、選ばれた回答の割合の順はかわらない。

ここで「社会進歩発展のための学問を進める」と答えたものが二〇％もいることに注意したい。四十年以上前の大学生のアンケートの回答にいままでは（　　）を覚えるだろう。

参考までに、わたしが担当している大学の文学部一回生ゼミ二六人に同じ質問をしてみた。「大学卒としてはずかしくない教養、技術を身につける」四二％、「真理探究に徹底する」八

%、「社会進歩発展のための学問を進める」〇%、「大学の学問そのものに期待していない」一二%、「単に就職にさしつかえない程度に勉強する」一三%、「その他」一五%である。「社会進歩発展のための学問を進める」がまったくいない。

問　空欄に入れる最適な言葉を次の①〜⑤から選び、その記号をマークせよ。

①　万感の思い
②　自失の感
③　隔世の感
④　哀惜の念
⑤　懐旧の情

【ステップ5　解説】

空欄に入る言葉を考える問題でした。まずは空欄の前後に注目です。

「四十年以上前の大学生のアンケートの回答にいまでは（　）を覚えるだろう。」とあります。

ここから、空欄＝四十年以上前のアンケートを見て思うこと（X）ですね。あとは、このXとイコールの内容を考えれば、三段論法を使って終了です。

四十年前と現在のアンケート結果は、大きく違うものですね。確かに教養や技術を身に着けたいと考えている学生はどちらもかなりいますが、「単に就職にさしつかえない程度に勉強する」の割合は大きく異なります。

また、かつては二十％いた「社会進歩発展のための学問を進める」という人は○％です。

要するに、四十年以上前のアンケートを見て思うこと（X）＝「全然違うものになってしまったなあ」ですね。

三段論法を使えば、その内容が答えだとわかりますから、③が正解です。

MEMO

【ステップ6】

参考までに、わたしが担当している大学の文学部一回生ゼミ二六人に同じ質問をしてみた。「大学卒としてはずかしくない教養、技術を身につける」四二%、「真理探究に徹底する」八%、「社会進歩発展のための学問を進める」〇%、「大学の学問そのものに期待していない」一二%、「単に就職にさしつかえない程度に勉強する」二三%、「その他」一五%である。「社会進歩発展のための学問を進める」がまったくいない。「真理探究に徹底する」も大幅に後退している。

しかしいまの学生が社会に貢献したいと思っていないわけではないことは、(　　)に関心をもち活動している学生が少なくないことをみればわかる。

また「大学の学問そのものに期待していない」も一割ほどいるが、「大学卒としてはずかしくない教養、技術を身につける」を選ぶものは依然として多いから、反学問主義というほどでもない。学業をきわめていくことが社会の進歩や成長とつながるという実感がないのである。

学生文化の背後の進歩と成長の歴史観の崩壊が作用しているとみるほかはない。

問　空欄に入れる最適な言葉を次の①～⑤から選び、その記号をマークせよ。

① ボランティア活動
② サークル活動
③ アルバイト
④ 奨学金制度
⑤ 留学制度

【ステップ6　解説】

空欄に入る言葉を考える問題でした。まずは空欄の前後に注目です。

「いまの学生が社会に貢献したいと思っていないわけではないことは、（　　）に関心をもち活動している学生が少なくないことをみればわかる。」と書かれています。

ここを見れば、空欄に関心を持つ＝社会貢献したいと思っていることの証拠（X）ですね。どの選択肢が、Xと合致するでしょうか。

ボランティアというのは社会貢献の一環ですから、Xと合致するのは①ですね。したがって、これが答えです。

MEMO

【ステップ7】

便所掃除を例に考えてみよう。嫌がる相手に便所掃除をさせるためにはどうすればよいだろうか？

たとえば、相手の手にブラシをもたせ、その手をつかんで動かすといったやり方が想像できる。たしかにそうすれば相手に便所掃除をさせることができる。

しかし、そうやって相手の自由を奪えば、その結果として産出されるのは、何らかの行為ではなく、単なる身体の受動的な状態である。すなわち、相手に便所掃除をさせたいのに、事実上、自分が便所掃除をするはめに陥ってしまうのである。

相手に便所掃除をさせるためには、相手が、ある程度自由であり、ある意味で「　　」でなければならない。権力はそのような条件を利用できてはじめて、相手に便所掃除をさせることができる。

たとえば、「便所掃除をしなければおやつをあげない」といって相手に便所掃除をさせることができたならば、これは権力による行為の産出である。

そのとき、権力行使の対象となっている人間は、ある程度自由であり、またある程度の「能動性」を残されている。

問　□に入る最も適当な語を次の中から一つ選べ。

①　抑圧的
②　暴力的
③　生産的
④　能動的
⑤　服従的

【ステップ7　解説】

空欄に入る言葉を考える問題でした。まずは空欄の前後に注目です。「相手に便所掃除をさせるためには、相手が、ある程度自由であり、ある意味で「□」でなければならない」とあります。

ここから、空欄＝便所掃除をさせるのに必要なこと（X）だとわかります。では、Xとはなんでしょうか。空欄の後ろに注目です。

「たとえば、「便所掃除をしなければおやつをあげない」といって相手に便所掃除をさせることができたならば、これは権力による行為の産出である。そのとき、権力行使の対象となっている人間は、ある程度自由であり、またある程度の「能動性」を残されている」とありました。相手に能動性があるからこそ、便所掃除をさせることができるのです。

したがって、X「便所掃除をさせるのに必要なこと」＝「相手の能動性（Y）」です。

三段論法を使えば、傍線＝Yですから、Yと合致する④が答えです。

なお、空欄の前を見て、「受動的だと相手に便所掃除をさせられない」ので、X「便所掃除をさせるのに必要なこと」＝能動性（受動的の逆）だろう、とお考えいただいてもＯＫです。

MEMO

【ステップ8】

しかし、他の領域では伝統的な学問や宗教が排除され蔑視されたにもかかわらず、視覚芸術のみが近代制度として受け入れられたのはなぜか。

それはフェノロサに先立って、日本の絵画・民芸品がヨーロッパにおいて高く評価されていたからである。浮世絵版画は一八五〇年代からヨーロッパで、特に印象派の画家によって評価されており、さらに、一八六七年パリ万国博覧会に徳川幕府が提出した諸作品が衝撃を与えた。

印象派による日本の絵画の評価は、近代ヨーロッパのリアリズムにおける表象の危機を、日本の浮世絵などによって越えようとするものである。そして、そのことは「日本」そのものを一つの表象にすることである。

たとえば、ゴッホは「日本人のように物を見たい」ということを書簡のなかで繰り返している。そのような熱狂は、オスカー・ワイルドが次のように［　］したほどである。

諸君が日本の物が好きだということは知っている。だが、諸君は、美術において提示されるような日本人が存在すると、本当に思っているのか。もしそうなら、諸君は日本美術がまったくわかっていない。日本人とは、ある画家たちの注意深い自覚的な創造物なのだ。（中略）実際、日本全体が純粋の発明物なのだ。そのような国は存在しない。そのような人々は実在しない。

問　空欄に入る最も適当な言葉を、次の中からそれぞれ一つずつ選びなさい。

1　風刺
2　警告
3　刮目
4　教唆

【ステップ8　解説】

空欄に入る言葉を考える問題でした。まずは空欄の前後に注目です。「オスカー・ワイルドが次のように□したほどである。」と書かれています。「次のように」と書かれていますから、空欄＝オスカー・ワイルドがこの後でしたこと（X）だとわかります。

では、この空欄の後でオスカーは何をしたのでしょうか。すぐ後ろからを読んでみましょう。「諸君が日本の物が好きだということは知っている。だが、諸君は、美術において提示されるような日本人が存在すると、本当に思っているのか。もしそうなら、諸君は日本美術がまったくわかっていない。」

この後にも同様の記述が続きますが、要するに「君たちがいると思っているものは、いないんだよ」と間違いを指摘しているのです。ということで、X「オスカー・ワイルドがこの後でしたこと」＝「間違いの指摘」ですから、その内容に最も近い、2が答えです。

なお、4は「そそのかす」という意味で、よくない行動に導くことですから、意味がかなりズレています。

MEMO

【ステップ9】

本を読む父をいまのちいさい子どもはどう見るか。黙って本にくいついている父。格別おもしろそうでもないのにときどきページを繰る、それだけでじっとしている父。話しかけても対手《あいて》になってくれず、返辞さえもしてくれない父。

私はそういう父を、つまらないおとうさん、好きでないおとうさんと思ったが、いまの子どもはどう感じるだろう。

ちいさいものにとって不在は死にひとしいとかいうが、読みふける父は不在とまでは行かずとも幾分それに似たものを感じさせる。

ただ幸《さいわい》に子どもの関心は父親に限られてはいないから、沈黙の父から積木やお菓子・犬猫へたやすく移って行く。けれども、それがかさなって、本を読む父とちいさい子どものあいだにはだんだんとある習慣が生まれてしまう。

少くも私はそうして父と本に距離をもつことに習慣づけられたようである。

それでいいのだろうか。ごく幼い記憶に、本を読んでいるおとうさんはだめという、なんとも云えないつまらなさがおぼろに、そのくせ忘れられないで遺っている。
そういうのを［　］のはじめだと云われたことがあるが、とすれば［　］というのは、恐ろしげなものでもあさましいものでもなんでもない、ただ「つまんないな」というところから生じる感情と云える。

問　二カ所の空欄には同じ言葉が入る。最も適当な言葉を、次の中から一つ選べ。

A　嫉妬
B　羞恥
C　畏怖
D　嫌悪

【ステップ9　解説】

空欄に入る言葉を考える問題でした。まずは一つ目の空欄の前後に注目です。
「本を読んでいるおとうさんはだめという、なんとも云えないつまらなさがおぼろに、そのくせ忘れられないで遺っている。そういうのを［　　］のはじめだと云われたことがある」とあります。確かに、本を読んでいるお父さんはだめでしょうね。文章の冒頭を見れば、本を読んでいるとき、お父さんは自分の相手をしてくれないですから。さて、引用したところを見れば、「そういうの」とあります。この言葉の前後は必ずイコールです、したがって、［　　］のはじめ＝「父が本を読んでいて、相手をしてくれず、つまらないという気持ち」ですから、これと合致する選択肢がほしいです。

Ａ かＤですね。なぜつまらないかと言えば、父が本に奪われているからです。であれば、本を「嫌悪」するでしょう。あるいは、本に嫉妬するでしょう。さて、どちらが正解でしょうか。二つ目の空欄に注目です。「［　　］というのは、恐ろしげなものでもあさましいものでもなんでもない」とありました。わざわざこんなコメントをしているということは、一般的に空欄は恐ろしくてあさましいとされているのです。そこと合致するのは「嫉妬」のほうですね。したがって、Aが答えです。

【ステップ10】

何が間違っていたのか。仮説が間違っていたのか。実験の手順を間違えたのか。測定器具に狂いがあったのか。

稽古のときに、私はそれらのチェックポイントを点検することになる。

だから私にとって、「真剣勝負の場」は、日ごろの稽古の成果を発揮する場であり、道場において何をどう稽古すべきかを思量する場でもある。

生業と稽古は表裏一体のものでなければならない。考えてみれば、これは武道修業の常識ではないか。

戦国時代には、戦場での槍一本で武勲を立てれば、「一国一城」の主となる道が開かれていた。けれども、その時代の武将のうちで、史に名をとどめるほどに輝かしいプロモーションを遂げた人々は、必ずしも刀槍の器用によってその地位を得たわけではない。

卓越した身体能力をもっているせいで、効率的かつ無慈悲に敵を殺傷することができる兵士は、必ずしも統治者としても有能であるわけではない。むしろ、そのような兵士は政治などにかかわらせず、できるだけ最前線で殺傷事業に専念させるのが［　　］というものだろう。

戦場での武勲が統治者への王道であったということは、統治に要する能力と、戦場で生き延びる能力が、本質的に同質のものであるということについての、社会的合意が存在したということを意味する。それが単なる筋骨の強さや運動の速さや冷血のはずがない。

問　空欄に入る語として最も適切なものを次の中から一つ選び、符号で答えよ。

ア　一騎当千
イ　鶏口牛後
ウ　士魂商才
エ　上意下達
オ　適材適所

【ステップ10　解説】

空欄に入る言葉を考える問題でした。まずは前後に注目です。

「そのような兵士は政治などにかかわらせず、できるだけ最前線で殺傷事業に専念させるのが□というものだろう。」とありますね。

ここから、空欄＝「そのような兵士を最前線で働かせること（X）」だとわかります。ここで気になるのが、Xの中にある「そのような兵士」です。どのような兵士でしょうか。もう少し前からを見ていきましょう。「卓越した身体能力をもっているせいで、効率的かつ無慈悲に敵を殺傷することができる兵士は、必ずしも統治者としても有能であるわけではない。むしろ、そのような兵士は」とあります。

ここから、そのような兵士とは、最前線で活躍できる兵士だとわかりますね。身体能力が高く、敵を効率的に殺傷できるのなら、前線で大活躍です。

これで、X「そのような兵士を最前線で働かせること」＝「最前線で活躍できる兵士を最前線で働かせること」だとわかりました。これはまさに「適材適所」ですから、オが答えです。

第二章　傍線を説明せよ

【ステップ11】

こうして、植物は、木から草へと進化していった。

しかし、考えてみると不思議である。

木になる木本性の植物は、何十年も何百年も生きることができる。なかには屋久島の縄文杉のように、樹齢が何千にも及ぶようなものさえある。一方、草本性の植物の寿命は一年以内か、長くてもせいぜい数年である。

その気になれば、数千年も生きることのできる植物が、わざわざ進化を遂げて、寿命が短くなっているのである。

すべての生物は死にたくないと思っている。少しでも長生きしたいと思っている。千年、生きられるのであれば、千年、死なずにいたいと誰もが思うことだろう。それなのに、どうして植物は、進化の結果、短い命を選択したのだろうか。

長い距離のマラソンレースを走り抜くことは大変である。さらに障害物レースだったとしたら、どうだろう。四二・一九五キロ先のゴールにたどり着くことは、簡単ではない。

しかし、それが一〇〇メートルだったら、どうだろう。全力で走り抜くことができる。もし、多少の障害が待ち構えていたとしても、全力で障害を乗り越えられるはずだ。テレビ番組の企画で、マラソン選手と一〇〇メートルずつバトンリレーをする小学生の対決が行われるが、マラソン選手も、全力疾走する小学生のバトンリレーにはかなわない。

問　傍線「考えてみると不思議である」とあるが、不思議なこととはどのようなことか。適切な選択肢を次の中から選びなさい。

ア　屋久島の縄文杉の樹齢が、何千年にも及ぶこと。
イ　草本性の植物の寿命が、長くても数年であること。
ウ　すべての生物が、死にたくないと思っていること。
エ　植物が、進化の結果、短い命を選択したこと。

【ステップ11　解説】

不思議なことってどんなこと？　と聞いている問題です。どんなことなのか説明してね、と言っているのです。

説明しろと言われたら、イコールの内容を答えます。というのも、「天才」いう言葉を説明しろと言われたとしましょう。「とても頭がいい人」のことだよ、と答えてあげれば説明になるので正解です。そして、両者はどちらも「すごく頭がいい存在」という意味ですから、同じ意味です。つまり、イコールなのです。要するに、イコールの内容を答えれば説明になるので、説明を求められたらイコールの内容を答えましょう、ということです。

さて、この問題は「不思議なこと」の説明を求めています。したがって、これとイコールの内容を探します。本文の真ん中あたりに「千年、生きられるのであれば、千年、死なずにいたいと誰もが思うことだろう。それなのに、どうして植物は、進化の結果、短い命を選択したのだろうか」とありますから、不思議なこと＝進化の結果、短い命を選択したことですね。この内容をおさえているエが答えになります。

MEMO

【ステップ12】

一九八九年に「ベルリンの壁」が崩壊してから三〇年になろうとしている。この三〇年の間に、その時代を直接には知らない若い世代の人も増えているから、今やもう「歴史」の一コマとしておさまってしまった感もないわけではない。

しかしながら、東西冷戦体制の解体という、世界史上の大きな画期をなす出来事であったことは間違いないし、それ以上に、とりわけベルリンという都市に関してみると、世界のどの都市も体験したことのないような大改造の嵐にさらされた、その未曾有の状況に、そこに住んでいた当人たちだけでなく世界中が興奮したのである。

その衝撃は今なおおさまったとは言い難く、さまざまに形を変えつつ、都市の記憶として継承されていると言ったほうがよい。

東ドイツと西ドイツという、四〇年間全く違った体制でやってきた国がひとつになるということだけでも大変なことだが、西ベルリンが東ドイツの中に孤島のように、しかも壁に囲まれて存在しているという、きわめて特殊な状況におかれていたベルリンという都市にとって、それが一つになるというのは、ほとんど天地がひっくり返るような出来事であったと言ってもよい。

問　傍線部「特殊な状況」とは、どういう意味か。本文の内容に即して最適なものを次の①〜⑤から選び、記号をマークせよ。

① ベルリンの壁崩壊の時代を直接には知らない若い世代の人が増えている。
② 世界のどの都市も体験したことのないような大改造が推進されている。
③ 西ベルリンは体制の異なる東ドイツの中に位置していた。
④ 両大戦間には首都として、世界の文化を牽引する都市として機能していた。
⑤ 分断されても、統合されることを想定したまち作りが行われていた。

【ステップ12　解説】

傍線の説明を求めている問題ですから、傍線とイコールの内容を考えます。

傍線の前に「という」と書かれていることがポイントですね。この言葉は後ろで言い換えているときに使う言葉です。

ここで、言い換えとはどういうことか定義しておきましょう。

「かっこいい男性」をカタカナの言葉で言い換えると、「イケメン」になりますね。そして、両者は同じ意味です。要するに、言い換えの関係とはイコールの関係のことだったのです。

さて、「という」の前後は言い換えなのでした。つまり、「という」の前後は無条件でイコールになります。では、それをふまえて傍線の直前からを見てみましょう。

「西ベルリンが東ドイツの中に孤島のように、しかも壁に囲まれて存在しているという、きわめて特殊な状況」とありますから、傍線＝「東ドイツの中に孤島のように、壁に囲まれて西ベルリンが存在している状況」だとわかります。その内容になるのは3ですから、これが答えです。

MEMO

【ステップ13】

「形あるものはいつかは滅ぶ」と言われるように、この世に永遠であり続けることのできるものはない。何千年も生き続ければ、その間にさまざまな故障もあることだろう。

そこで生命は永遠であり続けるために、自らを壊し、新しく作り直すことを考えた。つまり、生命は一定期間で死に、その代わりに新しい生命を宿すのである。

また、時代の変化に合わせて、自らを変えていく必要もある。進化を考えれば、元の個体を増殖し続けるよりも、古い個体を壊して、新しい個体を作っていった方が良い。

そこで、生命は死と再生を繰り返し、世代を進めることで命をリレーしていく仕組みを創りだした。そして、変化し続けることによって、永遠であろうとしたのである。

生命は死ぬことによって、永遠であり続ける。そして、生物は限られた命を全うするために、全力で生き抜くのである。

命の輝きを保つために、生命は限りある命に価値を見出したのである。

問

傍線「永遠」とありますが、その説明として最も適切なものを次の中から一つ選び記号で答えなさい。

ア　前の世代が死んでも次の世代が誕生していれば生命そのものは続くということ。

イ　長い一生のうちに故障や病気に見舞われた生物は命を失うことになるということ。

ウ　自らを犠牲にした先人の生きかたは多くの人によって語り継がれ記憶されるということ。

エ　一つの生命が失われることによって、他の生命が生きることができるのだということ。

【ステップ13　解説】

傍線部「永遠」の説明を求めています。ステップ11、12で解説した通り、説明を求められたらイコールの内容を答えますから、傍線とイコールの内容を文章中から見つけていきましょう。

ちなみに、今回から、空欄補充の問題でも定番の「三段論法」を使って対処していきます。まずは傍線の前後を読みます。「生命は死と再生を繰り返し、世代を進めることで命をリレーしていく仕組みを創りだした。」とありますから、死ねば永遠が手に入るわけです。したがって、永遠＝死ねば手に入るもの（X）です。

では、このXとは何でしょうか。傍線の前に「生命は死ぬことによって、永遠であり続ける。」とありますね。ここから、死ねば命がリレーされていく、つまり次の世代に命が続いていくということがわかります。

要するに、死ねば手に入るもの（X）＝次の世代につながっていくという状況（Y）だということです。傍線＝Xで、X＝Yですから、三段論法を使えば、傍線＝Yですね。以上より、Yの内容のアが答えです。

MEMO

【ステップ14】

私たち人間は、歴史的に見ていつごろから今日のような形で、ことばを用いるようになったのだろうか?

研究者たちは、長きにわたってこの問いに答えようと努力してきている。

ここでいう「ことば」とは通常、英語とか日本語とかいった、音声によるもの、すなわち音声言語を指す。生まれながらに耳が聞こえない人や、幼少期に聴力を失った人は、音声による言語表現の手段を得る機会を失したまま成長する。

すると、その代わりに手の動きで、さまざまな内容を表すようになる。いわゆる手話も、音声によるのと同等の言語であることが、今では明らかにされてきている。

だが、少なくとも当面あくまで発声器官で作り出すものに、対象を限定している。それは少なくとも聴力が健常である限り、人間はまずまちがいなく、音を活用して他人と意思疎通をはかろうとするからに、ほかならない。

なぜ、話せるようになったのかを探るといっても、過去に存在した人物の行動を復原《ふくげん》することは不可能である。

織田信長や豊臣秀吉は、たかだか数百年前に生きた日本人であるけれども、それですらどんな声で、どんな風に彼らがおしゃぺりしたのか、知る手だてはない。

問　傍線「手話」と同等の言語とは何ですか。本文中より四字で抜き出しなさい。

【ステップ14　解説】

手話と同等の言語（Xと置きます）って何？　と聞いている問題です。Xが何なのか説明してね、と言っているわけですから、Xとイコールの内容を探すことが求められます。

まずは傍線の直後に注目です。「手話も、音声によるのと同等の言語であることが、今では明らかにされてきている」とあります。音声による言語と手話は同等の言語だ、と述べられていますね。

したがって、X「手話と同等の言語」＝「音声による言語（Y）」です。

答えは四字ですから、このY「音声による言語」と同内容の言葉を探していくことになります。5行目の「音声言語」が「音声による言語」という意味になりますね。これが正解です。

MEMO

【ステップ15】

戦後の改正民法からは「家」制度か消えた。「家」／「家庭」の二重家族制度は、とかげの尻尾切りのように「家」を切り捨て、あるいは「家」観念を「家庭」の中にひそませて戦後を生きのびた。

変化はつづき、「家庭」家族の容器であった。茶の間のある家は、高度成長期からはｎＬＤＫ設計、個室本位の「リビングのある家」にモデル・チェンジをしている。

また、戦前の都市の住民の多くは借家に住んでいたが、戦後は政府の持ち家政策により、都市に定着する人口が増えた。郊外に一戸建てを、マンションの中に持ち家を購入しようとする住民の持ち家願望は強い。

そのかたわらで子ども部屋が空中を浮遊して別の都市まで移動したような「ワンルーム」というモデルも生まれた。「リビングのある家」／「ワンルーム」も、電話や仕送りでつながる二重構造になっている。

部屋の時代のはじまりである。これに対応する「家庭」／「個人」が家族の新二重制度であろう。ただしこの「個人」は、財産と家族を擁した威厳のある近代的個人ではなく、それそれがそれぞれの尊厳のみをもつ大衆社会のささやかな個人である。

問　傍線部について。「部屋の時代」が意味する内容はどのようなものか。最も適当なものを、次のうちから一つ選び、番号で答えよ。

1　「いろり、茶の間、リビングルーム」といったこれまで存在していた様々な種類の部屋が共存可能になった時代。

2　個室本位の「リビングのある家」のモデル・チェンジが行われ、家族の新たな集住形態が営まれるようになった時代。

3　個人が外部と分かたれた「ワンルーム」を手に入れて、今までと違い、自由に生きていくことか可能になった時代。

4　ひとり暮らしを始めても、自身か新しい家族をつくるよりも、実家の子ども部屋にいた時期と連続したような生活を送りがちな時代。

5　人々が持ち家願望から解放され、都市に住むことができれば「ワンルーム」を借りるかたちでも良いと考え始めた時代。

【ステップ15　解説】

傍線部の説明を求めている問題ですから、傍線とイコールの内容を考えます。傍線の直前からを読みます。

「『ワンルーム』というモデルも生まれた。『リビングのある家』／『ワンルーム』も、電話や仕送りでつながる二重構造になっている。部屋の時代のはじまりである。」とありますね。要するに、ワンルームという住居が生まれたことを「部屋の時代のはじまり」と表現しているのです。したがって、傍線「部屋の時代」＝「ワンルームに住む時代（X）」だったというわけです。

では、ワンルームとはどのような部屋なのでしょうか。もう少し前からを読んでみましょう。「子ども部屋が空中を浮遊して別の都市まで移動したような『ワンルーム』」とありますから、ワンルームとは、子ども部屋の延長線の、都市にある部屋なのです。

したがって、X「ワンルームに住む時代」＝「子ども部屋の延長線の、都市にある部屋に住む時代（Y）」だったということです。三段論法を使えば、傍線＝Yが成り立ちますから、

Yと合致する4が答えです。3も悪くはないですが、「今までと違い」と言ってしまうと、「延長線にあるものだ」という趣旨とずれてしまいますね。

【ステップ16】

よく聞く話が、公開空地を使う人の声や音がうるさいから使わせないようにしよう、という意見があったりすることだ。

こうなっては、なかなか使えるようにならないのではないか。

そんなことを考えていたので、２００４年に学生さんと一緒に公開空地の実態調査をしてみた。東京23区全域を調べるのはさすがに大変なので、オフィスも住宅もそこそこありそうな港区を選んだ。

港区の公開空地は１００件余りあり、東京都では一番多い。このうちの半数弱を調査対象にして、実態調査を試みたのだが、結論は大きくいって二つ。

一つ目は、公開空地を利用する人で一番多いのは、喫煙者であったことだ。他に見られた行為としては、「買い物」「携帯電話」「飲食」「休憩」などがあったが、喫煙は断トツであった。これは、２００５年に実施された健康増進法と深いかかわりがあるとみてよい。

公開空地があるのは大抵でかいビルなので、大会社の社員がよく利用する。大会社は、健康増進法などの取り組みには熱心なので、いち早くオフィス内に煙草を吸う場所がなくなる。そこで勢い、公開空地の灰皿に多くがたむろするという構図となる。

せっかく頑張ってつくった公開空地を一番利用しているのは、喫煙者。一種の公園でもあり、都市の顔でもあり、その建物の顔でもあるべき公開空地で、一番よくみかけられる行為が喫煙とは、ちょっぴり情けなかろう。

問　傍線部「せっかく頑張ってつくった公開空地」とあるが、ここでの頑張りとはどのようなことか。その内容として適切なものを次の記号から一つ選びなさい。

1　利用価値の高い空間を公共に提供したこと。
2　巨費を投じて都心に高層の建物を建てたこと。
3　景観や日照などの制約を克服してデザインしたこと。
4　空地を継続的に管理するために人員を配したこと。
5　設計に際して利用者の利便性を考慮したこと。

【ステップ16　解説】

「頑張り（Xと置きます）」の説明を求めている問題ですから、このXとイコールの内容を考えていくことになります。傍線を見れば「頑張ってつくった公開空地」とありますから、X「頑張り」＝公開空地を作ったこと（Y）になります。

また、傍線の少し前を見れば「公開空地を利用する人で一番多いのは、喫煙者であったことだ。他に見られた行為としては、『買い物』『携帯電話』『飲食』『休憩』などがあったが、喫煙は断トツであった」とありましたから、公開空地＝喫煙や飲食、休憩などができる場所です。喫煙が一番多いとのことですが、それも含めて多くの人がいろいろできる場所なのですね。

ということで、「公開空地＝多くの人がいろいろできる場所」ですから、Y「公開空地を作ったこと」＝多くの人がいろいろできる場所を作ったこと（Z）です。

三段論法を使えば、X＝Zですから、Zと合致する1が正解です。「利用価値の高い」がいろいろできることを、「公共に提供」が多くの人が使えることを表しています。

MEMO

【ステップ17】

教育とは、本来、もっと未知なものへの畏怖を伴うものであるべきでしょう。この世で知られていることより、知られていないことのほうが多いはずだからです。江戸時代、武士の子弟が小さい頃から、返り点をつけただけの漢籍を内容がよく分からないまま素読させられたのは、現在の教育とは正反対の極にあります。子供は何のために素読をするのか、まず分かりません。ただ声を出すだけで、意味も分からないままです。

しかし何十回と繰り返していくうちに、漢文独特の抑揚が身についてきます。漢字の並びからほんやり意味が掴めるようにもなります。この教育には、教える側も教えられる側にも、分からないことへのいらだちがありません。分からなくてもいいのです。子供は、言われるがままに何回も音読を繰り返します。つっかえつっかえ続んでいたものが、いつの間にかすらすらと読めるようになります。

問　傍線部「現在の教育とは正反対の極」とあるが、その説明として最も適当と思われるモノを次の中から一つ選びなさい。

ア　現実世界を題材にした漢籍を素読することで、現実に即した問いを子供たちにゆっくり考えさせることができていたということ。

イ　江戸時代の漢籍の素読では、そもそも問題の設定や解決をする意図すらなく、時間をかけてたしなみを身につけさせようとしていたということ。

ウ　江戸時代の漢籍の素読では、音読をするだけで、自然と理解できるようになることを求めるため、非常に時間がかかったということ。

エ　江戸時代の教育では、漢籍の素読を繰り返し、教師も子供も自分が知らないことがあることを知り、いつかそれを明らかにできるようにしていたということ。

【ステップ17　解説】

傍線の説明を求めているので、傍線とイコールの内容を考えます。傍線の直前からをお読みください。

「漢籍を内容がよく分からないまま素読させられたのは、現在の教育とは正反対の極にあります」とあります。したがって、傍線＝内容がよくわからないまま漢文を読ませる（X）になります。

それをふまえて、後ろをご覧いただくと「この教育には、教える側も教えられる側にも、分からないことへのいらだちがありません。分からなくてもいいのです」とあります。

ここを見れば、X「内容がよくわからないまま漢文を読ませる」＝わからなくてもいいと考えて行う教育（Y）だとわかりますね。

三段論法を使えば、傍線＝Yですから、Yと合致するイが正解です。「そもそも問題の設定や解決をする意図すらなく」という内容が、「わからなくてよい」という考えを示しています。

MEMO

【ステップ18】

たとえば、小津安二郎は大衆的人気はあったが、芸術的な巨匠だとはまったく思われていなかった。

東京美術学校の創設において伝統派が勝利したのは、それが伝統的だったからではなく、それが西洋側に評価され、且つ産業としても成立していたことによるのである。

もちろん、東京美術学校は、設立後十年も立たぬうちに、岡倉を追いだした西洋派にとってかわられた。

しかし、「西洋派」はそれ以後根本的な背理に苦しむことになるだろう。なぜなら、日本において先端的であり反伝統的と見える仕事は、西洋においてはたんなる模倣と見えてしまい、「伝統派」に回帰したほうがかえって先端的に見えるからである。

この問題は、今日にいたるまで続いている。たとえば、日本において尊敬される「西洋派」は、西洋において何の価値も与えられていない。そして、何らかのかたちで西洋において評価されるアーティストは事実上、「伝統派」に回帰している。

なぜなら、そのほうがより前衛的に見えるからである。

問　傍線部の説明として最も適当なものを、次の中から一つ選びなさい。

1　日本では先端的であった西洋人による西洋画も、西洋においては全く評価されないということ。

2　岡倉天心を裏切ってまで描いた西洋画が、結局浮世絵の技法を越えられないということ。

3　最先端と言われていた西洋派も、商業目的でのみ成り立っていることが苦しみになっていくこと。

4　日本では新鮮なリアリズム絵画であっても、西洋ではすでに飽きられてしまっていること。

【ステップ18　解説】

傍線の説明を求めているので、傍線とイコールの内容を考えます。

まずは傍線の前後に注目です。「『西洋派』はそれ以後根本的な背理に苦しむことになる」とありますので、傍線＝西洋派を苦しめるもの（X）です。では、Xとは何でしょうか。

少し後ろに「日本において先端的であり反伝統的と見える仕事は、西洋においてはたんなる模倣と見えてしまい、「伝統派」に回帰したほうがかえって先端的に見えるからである。」とあります。日本において反伝統的なものとは、西洋的なものです。

逆に言えば、伝統的なものは日本的なものになります。そして、西洋派の人々は西洋から高く評価されたいでしょう。しかし、西洋では日本的な方が評価されるのです。これは西洋派にとって苦しいですね。彼らは西洋的なことをしたいでしょうから。

でもそれをすると西洋からの評価は低くなるのです。要するに、X「西洋派を苦しめるもの」＝「やりたい西洋的なことをすると、肝心の西洋から評価されないという現実（Y）」です。三段論法を使えば、傍線＝Yですから、Yと合致する4が答えです。1もおしいですが、「西洋人による」が文中から読みとれません。

MEMO

【ステップ19】

しかし、特定の相手との間の安定した関係を通してのみ取り引きを行うことで得られることの「取り引きコスト」の節約は、そのことによって生み出される「機会コスト」との相対的な比較に応じて、メリットにもなればデメリットにもなる。

ここで機会コストを、別の相手と取り引きすれば得られたはずの利益と、現在の利益との差として定義する。特定の相手とのみ取り引きをしていれば、当然この意味での機会コストを支払い続けることになる。

別の相手に乗り換えても現在よりも大きな利益が期待できない場合、つまり同じ相手との取り引き関係を継続することに伴う機会コストがあまり大きくない場合には、安定した関係で得られる取り引きコストの削減は、全体としての企業の利益を向上させる有利な経営戦略だが、機会コストが大きな状況になれば、そのような戦略は不利な経営戦略となる。

現在の日本社会では、経済やビジネスの分野だけではなく、社会の様々な側面で機会コストが急速に増大しつつある。例えば夫婦関係についても、経済的な取り引き関係と同じように、同じ相手との間に安定した夫婦関係を続けていくことに伴う機会コストが増大し続けている。

問　傍線部「現在の日本社会」についての筆者の考えとして最も適切なものを一つ選び、番号をマークせよ。

1　日本の企業が相互に協力し、海外の企業に負けない競争力をつけることの効用が大きくなりつつある。
2　夫婦関係において、再婚による「取り引きコストの節約」が大きな意味をもつようになりつつある。
3　機会と人材の適切なマッチングが可能となり、社会全体の効率が高まりつつある。
4　関係を外部に対して閉ざすことの効用よりも、外部に対して開くことの効用が大きくなりつつある。

【ステップ19　解説】

傍線の説明を求めていますから、傍線とイコールの内容を考えます。

まずは傍線の直後に注目です。「現在の日本社会では、経済やビジネスの分野だけではなく、社会の様々な側面で機会コストが急速に増大しつつある」とありますね。ここから、傍線＝機会コストが急速に増大した社会（X）だとわかります。

では、機会コストとは何でしょうか。文章のはじめの方ですね。「機会コストを、別の相手と取り引きすれば得られたはずの利益と、現在の利益との差として定義する」とありますから、機会コスト＝「別の相手と取引した時の利益と現在の利益の差」だとわかります。

したがって、X「機会コストが急速に増大した社会」＝「別の相手と取引した時の利益と現在の利益の差が急速に増大した社会（Y）」になります。

要は、新しい相手取引すると、より大きな利益を得られるようになったのです。三段論法を使えば、傍線＝Yですから、このYと合致する4が答えです。

「外部に対して開くことの効用が大きくなりつつある」というのが、新しい相手の取引のほうが利益は大きいという内容になっています。

MEMO

【ステップ20】

前頭葉前野は何のためにできたか。何をしているかわからないところである。何かをするより、何かを抑制しているらしい。

私は、脳のほかの部分が複雑でコントロールが効かなくなったので、やむなく開拓されたところだと思う。それまでの抑制系のおおもとは小脳だったのだが、それでは間に合わなくなったのであろう。

小脳はもっぱら運動系のコントロールと思われていたが、一九九〇年代に思考の能率化と安定性にも大きく貢献していることがわかった。小脳は直接外界からの擾乱《じょうらん》にも内部からの擾乱にもさらされていない。その巨大で多能的なプルキンイェ細胞（注　脳の神経細胞の一種）の居並ぶ姿は中枢神経系のほかの部分にはないもので、中枢神経系のジャイロスコープのイメージをもってしまう。テニスなどの巧緻運動では小脳と前頭葉前野にインパルスのひんぱんな往復があるとか。おそらく思考もそうであろう。

しかし、小脳では足りずに崖崩れのしやすい場所を緊急に造成したのは、脳ひいては人間全体の複雑さと不安定さの対策だったろう（脳の各部分は必ず身体と関連している。そうでなければ脳は出口がない孤独で無駄な存在で、そもそも存在しないだろう）。

問　傍線部「崖崩れのしやすい場所を緊急に造成した」とあるが、その説明として最も適当と思われるものを次の中から一つ選びなさい。

ア　一見して危険でもろい要素をはらむと思われるところに、効率上の必要性から小脳が置かれたこと。

イ　本来は外部からの影響を受けやすい部分にあった小脳が、その位置を次第に安全な場所へと変えていったこと。

ウ　傷つきやすく堅牢でないため何も置かれなかった場所ではあるが、前頭葉前野が迅速に機能するには適していること。

エ　被害を受けやすく、必要があってやむをえず前頭葉前野の機能が置かれるに至ったこと。

【ステップ20　解説】

傍線の説明を求めていますから、傍線とイコールの内容を考えます。まずは傍線の直前からに注目です。「小脳では足りずに崖崩れのしやすい場所を緊急に造成した」とありますね。ここから、傍線＝小脳では足りなくなった結果行われたこと（X）だとわかります。では、Xとは何なのでしょうか。文章の冒頭に注目です。「前頭葉前野は何のためにできたか。何をしているかわからないところである。何かをするより、何かを抑制しているらしい。私は、脳のほかの部分が複雑でコントロールが効かなくなったので、やむなく開拓されたところだと思う。それまでの抑制系のおおもとは小脳だったのだが、それでは間に合わなくなったのであろう」とあります。

要するに、小脳だけではコントロールできなくなったので、前頭葉前野が開発されたのです。つまり、X「小脳では足りなくなった結果行われたこと」＝前頭葉前野の開発（Y）です。三段論法を使えば、傍線＝Yですから、Yと合致するエが答えです。なお、前半の「被害を受けやすく」は傍線の「崖崩れのしやすい」とイコールです。どちらも「もろい」という内容ですから。ということで、問題ありません。

【ステップ21】

このことをめぐって、各国の学生が賞賛と驚きの思いを込めた意見を述べているが、同様のことは阪神・淡路大震災のときも指摘された。もちろん、日本でも略奪や便乗値上げが皆無だったわけではない。

このような論評に対しては、必ず反論をする人がいるものだ。だが、皆無かどうかを問題にしているわけではない。海外のケースと比べれば、ほとんどないに等しいという、程度の問題である。ニューヨーク・タイムズの言うような、日本人の国民性に織り込まれている秩序と礼節というのは、これも状況依存社会であればこそのものといえる。

人道的とか正義といった、抽象概念に基づく原理原則を守ろうといった意識が乏しいと批判される日本が、いざというときの秩序と礼節が見事であると賞賛される。

このような秩序と礼節は、目の前の人のことを思いやるという状況依存の心の構えがもたらすものである。強いて言えば、間柄の倫理であり、状況依存的な倫理観である。

抽象概念による原理原則に縛られて、人間としての義務感で行動するわけではなく、ただ目の前の人を放っておけないのだ。
非常に具体的な状況の中で、多くの人々の心の中に自然に湧いてくるものといえる。

問　傍線部「状況依存の心の構え」とあるが、その説明として最も適切なものを次の1～5の中から一つ選べ。

1　具体的な場面に応じて、それに見合った行動が自然に取られること
2　自立することができないため、常に何よりも協調性を重んじること
3　他者との交流のためであれば、自我を捨てる覚悟ができていること
4　その時々の時代の潮流をいち早く察知して生き方を変えていくこと
5　道徳観を捨ててでも場の雰囲気に自分を合わせていこうとすること

【ステップ21　解説】

傍線の説明を求めていますから、傍線とイコールの内容を考えます。

直前からに注目です。「目の前の人のことを思いやるという状況依存の心の構え」とありますから、傍線＝「目の前の人のことを思いやる（X）」です。

では、Xとは何でしょうか。少し後ろを見てみましょう。

「ただ目の前の人を放っておけないのだ。非常に具体的な状況の中で、多くの人々の心の中に自然に湧いてくるものといえる。」とあります。目の前の人を放っておけないというのは、目の前の人を思いやっていることを意味します。

したがって、X「目の前の人のことを思いやる」＝「具体的な状況の中で、多くの人々の心の中に自然に湧いてくるもの（Y）」になります。三段論法を使えば、傍線＝Yですから、このYと合致する1が正解です。

MEMO

【ステップ22】

ヨーロッパ式の庭園は、左右相称で、幾何学的図形をなしている花壇や、やはり幾何学的図形を石組で作り出し、中央に噴水を出した泉水や、丸く刈り込んだ樹木や大理石その他の彫刻を置いた、よく手入れされた芝生など、人間の造型意志をはっきり示しているところに特色がある。

それは最初に設計した人の手を離れた時、一つの完成に達しているのであって、その後手入れさえ施していればそのまま最初の形を保持して行くことが出来ると考えた。庭園において動かない造型を作り出すということは、彫刻や絵画や建築や、ヨーロッパ流の芸術理念を作り出しているそれらのジャンルに準じて、庭園も考えられているということである。

ところが、日本では作庭をも含めて、永遠不変の造型を願わないばかりか、一瞬の生命の示現を果たしたあとは、むしろ消え去ることを志向している。（中略）

私はそれら日本の芸術家たちに、自分の作品を永遠に残そうという願いが、本当にあったかどうかを疑う。ヨーロッパ流の芸術観では、芸術とは自然を素材にして、それに人工を加えることで完成に達せしめられた永遠的存在なのだから、造型し構成し変容せしめようという意志がきわめて強い。

問　傍線部「造型し構成し変容せしめよう」とあるが、それはどういうことか。その説明として最も適当なものを、次の①〜④のうちから一つ選べ。

①　変化し続ける自然を作品として凍結することにより、一瞬の生命の示現を可能にさせようとすること。

②　時間とともに変化する自然に手を加え、永遠不変の完結した形をそなえた作品を作り出そうとすること。

③　常に変化する自然と人間の生活との親和性に注目し、両者を深い「縁」で結んだ形の作品を創造しようとすること。

④　変化こそ自然の本質だとする考えを積極的に受け入れ、消え去った後も記憶に残る作品を作り上げようとすること。

【ステップ22　解説】

傍線の説明を求めていますから、傍線とイコールの内容を考えます。傍線の少し前からを見てみましょう。

「ヨーロッパ流の芸術観では、芸術とは自然を素材にして、それに人工を加えることで完成に達せしめられた永遠的存在なのだから、造型し構成し変容せしめようという意志がきわめて強い」とあります。ヨーロッパでは傍線Aと考えているですから、傍線A＝ヨーロッパの芸術の特徴（X）です。

では、Xとは何でしょうか。文章の冒頭からに注目です。「ヨーロッパ式の庭園は、左右相称で、幾何学的図形をなしている花壇や、やはり幾何学的図形を石組で作り出し、中央に噴水を出した泉水や、丸く刈り込んだ樹木や大理石その他の彫刻を置いた、よく手入れされた芝生など、人間の造型意志をはっきり示しているところに特色がある。

それは最初に設計した人の手を離れた時、一つの完成に達しているのであって、その後手入れさえ施していればそのまま最初の形を保持して行くことが出来ると考えた」とあります。

ここから、X「ヨーロッパの芸術の特徴」＝最初の形を保持しようと考えている（Y）だとわかります。三段論法を使えば、傍線＝Yですから、Yと同内容の2が答えになります。

【ステップ23】

こうした取引について、「先年はこれなく候」と記されているから、ちょうどこのころ、一七世紀半ばごろに始まったと考えてよい。さらに興味深いのは、米がないにもかかわらず、手形が発行されることもあったことである。諸大名が、米が廻送される前に、米手形を発行して資金を前借りしようとしていたことは明らかだ。

このように大坂の米市は、ごく初期の段階から、米そのものを売買する市場ではなくなり、手形で売買する市場になっていた。それのみならず、米手形は実際に在庫されている米の量以上に発行されていた。大坂の米市は早くから単なる米の販売市場にとどまらず、将来の収入を引き当てにして諸大名が資金調達をする金融市場としても機能していたのである。

右の町触《まちぶれ》は、大坂米市について江戸幕府が出した、現時点では最も古いと考えられているものである。そこにおいてもすでに、米俵と米俵を交換するような純然たる米市からの脱皮が確認されてしまうところが、江戸時代の大坂経済の面白さである。

商品・現金のやりとりを避け、手形での決済を好むのは、大坂をはじめとする上方商人の特質と言われている。

問　傍線部「金融市場としても機能」について、最も適切な説明を、次の選択肢1〜4のうちから一つ選び、番号をマークせよ。

1　商人は米を現金で買おうとし、大名は現金を得るために米を売ろうとしたので、どちらにとっても現金をやりとりするのに不可欠な市場だったという意味。
2　米を売買するのではなく、手形をやりとりすることになり、商人も大名も手形の転売をくり返すことによって、利益を得ることができたという意味。
3　諸大名は米がなくても手形を発行することが可能で、そのことにより前借りのかたちで資金を調達することができるようになったという意味。
4　米を落札した商人が、その代金を全額用意するまでのあいだ、蔵屋敷は商人に対して、米の引換券に相当する一種の金券を預けたという意味。

【ステップ23　解説】

傍線の説明を求めていますから、傍線とイコールの内容を考えていきます。まずは傍線の直前からを読んでみます。

「諸大名が資金調達をする金融市場としても機能していた」とありますね。ここから、傍線＝資金調達できる場になった（X）だとわかります。ただ、このXだけではイマイチ答えを特定できませんので、もう少し前からを読んでみましょう。

「大坂の米市は早くから単なる米の販売市場にとどまらず、将来の収入を引き当てにして諸大名が資金調達をする金融市場としても機能していた」と書かれています。

いろいろ書かれていますが、要するに傍線＝大坂の米市の特徴（Y）です。では、Yとは何でしょうか。「諸大名が、米が廻送される前に、米手形を発行して資金を前借りしようとしていたことは明らかだ。このように大坂の米市は…」とありますね。ここから、Y「大坂の米市の特徴」＝手形で売買できる（Z）だとわかります。

傍線＝Yで、Y＝Zですから、三段論法を使えば、傍線＝Zです。以上確認した、傍線とイコールのX・Zをとらえている選択肢を選べば正解です。それは3でしたから、これが答えです。

【ステップ24】

トーキー映画である『一人息子』にしても、科白《せりふ》や音響効果によって映画がいっそう表現力を高め、迫真性が加わることを嫌い、あえて意味が曖昧なままに浮遊する映像を、トーキー映画への戯れとして小津さんは試みたに違いない。

事実、場末のゴミ処理場を望む野原に座って語りあう母親と息子のシーンは、たしかに科白は聴こえながら、対話しあっているとは思えないようにモンタージュされており、その視線もまたたがいに宙に漂い、すれ違うようにしてあてもなく拡散してゆく。

従って母親と息子とが親しく諮りあうことがドラマでありながら、画面に映し出されている俳優の姿かたち、人間としての存在のありようのほうが否応なく、よりくっきりと浮き彫りにされ、映画の筋立てとはかかわりなく、われわれの無用の眼差しによってそれは見られてしまうのである。

おそらく小津さんがひそかに心に描いていたのは、「見せる」ことよりも、われわれの無用、無償の眼差しによって「見られる」映像を試みることにあったのではないだろうか。

映画にたずさわる人間であれば誰しもが、その表現の一方通行的である優位さを過信して、観客に映像を「見せる」ことに腐心するのだろうが、小津さんにかぎっては「見せる」ことよりも、観客によって「見られる」、あるいは「見返される」映像を実現するために心を砕いたのである。

問　傍線部「『見せる』ことよりも、われわれの無用、無償の眼差しによって『見られる』映像を試みることにあった」とあるが、どういうことか。その説明として最も適当なものを次の①〜⑤のうちから一つ選べ。

① 観客が余裕を持って画面の細部まで見ることができるような映像を試みること。
② 単一の意味で受けとられてしまわないような、曖昧さを含んだ映像を試みること。
③ 人間の眼がさまざまな空間を見るのと同様に、多様な角度からの映像を試みること。
④ 複雑な内容によって、個々の観客が自由に解釈できる映像を試みること。
⑤ 画面に映し出されていない場所についても、観客が想像力を発揮できる映像を試みること。

【ステップ24　解説】

傍線の説明を求めていますから、傍線とイコールの内容を考えます、まずは傍線の直前からを見てみましょう。「小津さんがひそかに心に描いていたのは、「見せる」ことよりも、われわれの無用、無償の眼差しによって「見られる」映像を試みることにあった」と書かれています。心に描いていたということは、狙っていたということです。

ここから、傍線＝小津さんが狙ったこと（X）だとわかります。では、Xとはなんでしょうか。本文の冒頭からです。文章のかなり前の方ですが、「あえて意味が曖昧なままに浮遊する映像を、トーキー映画への戯れとして小津さんは試みたに違いない」とありますね。小津さんは、意味の曖昧な映像を狙っています。したがって、X「小津さんが狙ったこと」＝「意味があいまいな映像を撮ること（Y）」です。三段論法を使えば、傍線＝Yですから、Yと同内容の2が答えです。今回の選択肢でしんどいのは4ですね。「自由に解釈できる」というのは「曖昧」という意味ですからOKです。

ただ「複雑な内容によって」が不適切です。複雑さによって曖昧さを実現しようとしたのではありません。３の選択肢も紛らわしいかもしれませんね。ただ、「多様な角度からの映像」と言ったら、「いろいろな場所から撮影した」という意味です。「曖昧」と言ったら、「様々な解釈ができる」ことを表しますから、意味がずれます。

さて、今回で三段論法を使う問題は終了です。次からは設問がややこしくなったものや、別のアプローチで解く問題を扱います。引き続きよろしくお願いいたします。

【ステップ25】

このように人間の生きた眼差しはこの世界の表面を軽やかに滑り、たえず運動をつづけており、なにかに見入ることによる視線の停止、非連続はあるかなきかの一瞬にすぎず、それが意識された瞬間には視線はすでに新たな運動を始めているのである。

言葉をかえれば、われわれがなにかを見ていると意識するのは、わずかに限られた時間でしかなく、なにも意識せずにものを見ている、そうした無用、無償の眼差し、おびただしい剰余の眼の動きに支えられて、われわれはこの現実とのたえざる連続を保ちながらこの世界のなかに生きつつあるのである。

それとはまさしく相反して、カメラのレンズをとおしてこの現実、この世界を見ることは、こうした人間の眼の無用な動きを否定し、おびただしい剰余の眼がひとつの視点に注がれ、集中するように抑圧することであった。

限りなく拡がる世界の空間から特定されたひとつの被写体を選び、画面に切り取り、それ以外の空間は存在しないかのように排除し、無親することを求める映画の映像は、人間の生きた眼が無意識のうちに呼吸するリズム、その無用な遊びを禁じるようなものであっただろう。

問　傍線部「カメラのレンズをとおしてこの現実、この世界を見ること」とあるが、「カメラのレンズ」の機能の説明として最も適当なものを、次の①～⑤のうちから一つ選べ。

① カメラのレンズは、現実のさまざまな事物や出来事を、個別的にではなく連続的に写し取る。

② カメラのレンズは、現実のなかから被写体を選び出し、そのありのままの姿を正確に写し取る。

③ カメラのレンズは、無限の現実から特定の対象を切り取ることにより、現実の世界を否定する。

④ カメラのレンズは、連続する世界のなかから特定の部分を写し取り、それ以外の部分を排除する。

⑤ カメラのレンズは、人間の手で自由に操作されるかぎりにおいて、人間の眼と同等の能力を持つ。

【ステップ25　解説】

今回は傍線の説明を求めているのではありませんね。「カメラのレンズの機能（Xと置きます）」の説明を求めていますから、このXとイコールの内容を考えていきます。

何を問われているかをつかまなければ、正しい答えを作ることもできません。しっかりと問われた内容を把握するよう意識しましょう。

では、X「カメラのレンズの機能」とイコールの内容を探します。傍線からに注目です。「カメラのレンズをとおしてこの現実、この世界を見ることは、こうした人間の眼の無用な動きを否定し、おびただしい剰余の眼がひとつの視点に注がれ、集中するように抑圧することであった」とありました。

「集中するように抑圧」・「一つの視線に注がれ」とありますから、要するに一部分だけを見せているのですね。つまり、X「カメラのレンズの機能」＝「一か所だけを見せるようにする」ですから、その内容の4が答えです。

3も途中までは良いのですが、「現実の世界を否定する」が不適切です。見えないようにしているだけですね。

MEMO

【ステップ26】

啓示の問題については、ここで論ずるのを控えよう。

だが、コーニック枢機卿の言うごとく、客観的世界と主観的世界とを、近代がこのように弁別したことによって、科学と哲学の両者は、その守備範囲のなかにいる限り、お互いにわずらわされずに、独自に発展・展開することができると考えられたのであり、いわば、科学、哲学、神学は、中世における三者の一体的状況を脱却して、それぞれが、専門化、独立化の途をたどることになったと言えよう。

このような図式のなかでとらえられる場合、自然科学の扱う世界、またそれによって構築される世界が、すべての偏見や先入口や価値観から自由な、無色透明の、中立の……つまり一言で言えば「没価値」的な性格をもっていることは、ほとんど必然的になってしまうはずである。

たしかに、その三種の知識を区別して、それぞれの範囲のなかで、閉鎖的な自律性を保たせ、なかんずく、科学的知識のカテゴリーに「客観性」という特性を与えて他と区別することのもつある意味での妥当性を、私も否定はしない。その妥当性とは、いわば「機能的な」観点からの、という但し書きの付いた妥当性と考えてよいだろう。

問　傍線部「三者の一体的状況」が示す内容として最も適切なものを一つ選び、番号をマークせよ。

1　科学、哲学、神学が、協力関係を樹立するための努力をしていた状況
2　神学が、知識の一体性を維持するために科学や哲学に闘争を挑んでいた状況
3　神学が、科学や哲学を三位一体説に基づいて把握していた状況
4　科学、哲学、神学が、いずれも主観的世界にかかわるものとして理解されていた状況
5　科学、哲学、神学が、それぞれ自律性をもった知識として区別されていなかった状況

【ステップ26　解説】

傍線の説明を求めているので、傍線とイコールの内容を考えます。今回は、傍線を前半の「三者」と後半の「一体的状況」に分けます。分けて、それぞれとイコールの内容を考えるのです。そして、それぞれとイコールの内容が分かった後に両者をつなげれば、傍線とイコールの内容の完成です。こういったアプローチをブロック分けと呼びます。

では、前半の「三者」から攻めましょう。傍線の直前を読めば、三者＝「科学・哲学・神学」だとわかります。後半の「一体的状況」ですが、一体となると言ったら、一つになるという意味ですから、一体的状況＝「一つになった状況」だとわかります。ちなみに、傍線からを読むと「三者の一体的状況を脱却して、それぞれが、専門化、独立化の途をたどる」とありますから、「一体的状況を脱する＝独立する」だと読み取れるでしょう。ここを見ても、やはり一体的状況は一つになった状況だとわかりますね。ということで、「傍線＝科学・哲学・神学が一つになった状況」です。その内容になる選択肢は5です。「区別されていなかった」ということは、わかれていなかったということですから、一つになっていたという意味になります。

――今回は2ブロックに分けましたが、問題によっては3ブロック、4ブロックに分けることもあります。次の問題もブロック分けで対処しますから、練習してみてください。

【ステップ27】

繰り返される二重構造には、「家」「家庭」といった家族のあるべき形として示されたモデルにたいする強い憧れと反発が共存している。モデル・チェンジがあるたびに生じる葛藤を、小説は描きつづけた。人々はモデル・チェンジの度に住まいを探し、家を建て替え、その度に苦しむ。

自分たちの幸福を探す努力がなぜ苦しみになるのだろう。家族や住まいの規範やモデルに従う場合だけでなく、規範とモデルに反抗する場合でさえ、家つくりの努力の向こうには、国つくりの大きな流れがある。家族をつくり小さいながら家をもつ喜びのつづきのようにして、その家族と家を守ると自分にいい聞かせて戦争へ行った兵士たちがいた。

それぞれの努力はいつか、もっと巨大なものに回収されている。個々の小説は、相もかわらぬ人と人の出会いと離別、子生み、成長、労働、病、死の小さな物語をくりかえし描く。くりかえしなのだが、それぞれの人生か違うように物語は少しずつ違う。

多数の物語が流れ込む大きな物語の存在を感じるのは、それぞれの小説の作者よりもむしろ、小説を読みつづける読者であるかもしれない。読むとは、書くと同じく積極的な行為になり得るのだと思う。

問　傍線部について。その説明として最も適当なものを、次のうちから一つ選び、番号で答えよ。

1　家族と国への深い愛情から戦地に向かった兵士たちの思いが、個々人の感情を度外視した理解の中で無視され非難されてしまうこと。

2　家族の容器のモテル・チェンジかあるたびに生じる感情の機微を描いてきた小説の試みが、人々の幸福を探す欲望の中でかき消されてしまうこと。

3　作家たちが自分のささやかな矛盾を表現するために書いた個々の小説作品が、読者の読むという行為の中で大きな物語に吸収されてしまうこと。

4　個々人が身近な家族の生活をなによりも大事にしようとした結果として、国家の体制の中に組み込まれてしまうこと。

【ステップ27　解説】

傍線の説明を求めているので、傍線とイコールの内容を考えます。これは傍線を前半「もっと巨大なもの（A）」と「回収されていく（B）」の二要素に分けて考えましょう。傍線の直前からを読んでみます。

「戦争へ行った兵士たちがいた。それぞれの努力はいつか、もっと巨大なものに回収されている」とありますから、「もっと巨大なもの」＝「兵士たちの努力を飲み込むもの（X）」です。ここでは、「回収する」が「飲み込む」という意味で使われていますね。さて、ではX「兵士たちの努力を飲み込むもの」とはなんでしょうか。さらに前を見てみると、「家つくりの努力の向こうには、国つくりの大きな流れがある」とあります。国つくりの大きな流れは、個々の努力を飲み込んでしまうのです。であれば、これは個々の兵士の努力も飲み込んでしまうでしょう。つまり、X「兵士たちの努力を飲み込むもの」＝「国つくりの大きな流れ」です。

これで答えがわかりました。傍線は「もっと巨大なもの（A）」と「回収されていく（B）」

の二要素から成り立っていました。そして、A＝Xで、X＝Yですから、三段論法を使えばA＝Y「国つくりの大きな流れ」です。そして、先の解説でも少し触れましたが、B「回収されていく」＝飲み込まれているになります。その内容になる選択肢は4ですから、これが答えです。

これからの三問は少し意地悪な問題を並べてみましたので、頑張ってください。

【ステップ28】

ベルリンのような状況になった場合、人々の記憶の時間的スパンがいかに短くなってしまうかということを示していると言えるだろう。このような写真集やＤＶＤなどが次々と出されることで、それらは歴史的な記憶として呼び出され、継承されてゆく。さらに言うと、この種の写真集の中には、東西統合後にポツダム広場の工事がはじまってから、そこに次々と高層ビルが建てられてゆく時期に焦点を合わせた定点観測的な写真集などもある。時間的にみれば、さらに短い期間を対象とした「歴史」が描かれているわけであるが、この時期のベルリンでは、ほとんど同代的な現象ですらこのように次々と「歴史化」されてゆくような状況になっていたのである。

九〇年代後半から二〇〇〇年代初頭にかけて作られた写真集やＤＶＤの中には「東」の人ではなく、東西統合後に関心をもった「西」出身の人が作っているものも少なくない。統合後のこの時期に、とりわけ旧「東」時代を懐かしむような空気が強まり、それが「オスタルギー」という名で呼ばれるような大きなうねりを作り出してゆくこと、そしてその盛り上がりを支えていたのが、実は必ずしも「東」時代を経験した人のノスタルジーではなく、むしろそうではない人々が外から関心を共有するような形で盛り上がっていった部分が大きいが、その背景にあったのは、ベルリンを取り巻く上記のような状況であったのである。

問　傍線部「オスタルギー」は「東」を意味する「オスト」と「ノスタルジー」のドイツ語形を重ね合わせた造語であるが、その説明として最適なものを次の①～⑤から選び、記号をマークせよ。

①　九〇年代後半から二〇〇〇年代初頭、旧西ドイツを懐かしむ風潮が高まった。

②　オスタルギーは、「東」時代を経験していない人々の関心によって盛り上がった部分が大きい。

③　「東」の人によって、九〇年代後半から二〇〇〇年代初頭に、東ドイツに関する写真集やＤＶＤが作られた。

④　オスタルギーは「東」時代を経験した人のノスタルジーである。

⑤　「西」出身の人は、東西統合後、西ベルリンに焦点をあてて写真集やＤＶＤを作った。

【ステップ28 解説】

傍線の説明を求めていますから、傍線とイコールの内容を考えます。傍線の直後を見て答えを特定する問題だったのですが、直前も傍線とイコールになりますね。一応見ておきましょう。「とりわけ旧『東』時代を懐かしむような空気が強まり、それが『オスタルギー』という名で呼ばれるような大きなうねりを作り出してゆく」とあります。

ここから、傍線「オスタルギー」＝「旧東ドイツを懐かしむこと」だとわかります。

ただ、この内容だけではイマイチ答えを特定できませんから、後ろも見てみましょう。『オスタルギー』という名で呼ばれるような大きなうねりを作り出してゆくこと、そしてその盛り上がりを支えていたのが、実は必ずしも『東』時代を経験した人のノスタルジーではなく、むしろそうではない人々が外から関心を共有するような形で盛り上がっていった」とあります。

ここから、傍線「オスタルギー」＝「東時代を体験していない人が盛り上げたもの」だとわかりますね。こちらの内容もとらえているのは2ですから、2が答えです。

明らかに答えは前にあるっぽいのに、実は後ろがポイント、というのが意地悪だなあと思って、ここに配置してみた次第です。

【ステップ29】

教養主義は、『三太郎の日記』（阿部次郎）がそうであるように、社会改革を抜きにした純粋人格主義として出発したが、しだいにマルクス主義や社会改良主義と連動したものとなっていく。

前者（純粋人格主義）を人格的教養主義とすれば、後者（マルクス主義的教養主義など）は政治的教養主義である。社会についての進歩と成長の歴史意識が個人に投影されたとき、人格主義（個人の進歩と成長）としての教養主義が誕生したが、やがて個人の成長物語と社会の成長物語とが抱合し、人格的教養主義は、政治的教養主義になっていく。

政治的教養主義こそは、個人の成長と社会の進歩の予定調和思想だった。マルクス主義は終末思想（資本主義の崩壊）を含んでいるが、終末のあとの千年王国論（共産主義）を想定しているかぎり進歩と成長の思想なのである。

だから、高度成長時代の未来学ブームのときは、他方でマルクス主義も依然として知的青年をとらえていた。未来学もマルクス主義も同じ歴史意識の所産である。

問　傍線部「政治的教養主義こそは、個人の成長と社会の進歩の予定調和思想だった」とはどういう意味か。説明として最適なものを次の①〜⑤から選べ。

① 個人の成長物語はやがて社会の成長物語と抱合し、おのずから政治的教養主義へと成立していくという意味。

② 純粋人格主義と政治的教養主義は対立を続けながらも、やがて社会改革の歴史の中で統一されてゆくという意味。

③ 個人の成長は社会的な進歩のズレを取り込みながら、最終的に一致点を見出して政治的調和思想になるという意味。

④ 人格的教養主義はマルクス主義の終末思想と対立するが、千年王国論の想定により論理的に融合するという意味。

⑤ 社会的な教養主義は個人的教養主義を投影するものであるから、いずれは政治的教養主義に変容するという意味。

【ステップ29　解説】

傍線「政治的教養主義こそは、個人の成長と社会の進歩の予定調和思想だった」の説明を求めていますから、傍線とイコールの内容を考えます。なかなか意地悪な問題です。というのも、基本的に入試現代文は文中から答えを探す科目です。言い換えれば、傍線だけを見て、その傍線と同内容であろう選択肢を選ぶことは禁じ手なのです。なぜなら、言葉の意味をそれ単体で特定することは難しいからです。同じ言葉でも前後関係によって微妙にニュアンスが変わっていきます。したがって、傍線だけを見てそれがイコールどういうことかを考えるのはNGなのです。

ただし、何事も例外はあります。今回は文中に傍線とイコールになるところがありませんから、やむを得ず傍線だけを見て、それとイコールの内容を考えることになります。まず、傍線の後半に「予定調和思想」とあります。調和していくと言ったら、融合していくという意味ですね。それをふまえて傍線を見ます。何と何が融合しているでしょうか。個人の成長と社会の進歩です。また、この二つが融合して何になりましたか。傍線を見れば、政治教養主義になったと読み取れます。要するに、傍線＝「個人の成長と社会の進歩が融合して政治教養主義となった」ですから、この内容と合致する①が答えです。

念のため再確認いたしますが、原則は文中からイコールの内容を探していくのです。ただ、それがうまくいかなかった際は、今回のような対処をすることになります。

【ステップ30】

本書は、一つの中心的なメッセージをめぐって書かれている。集団主義社会は安心を生み出すが信頼を破壊する、というメッセージである。

「集団主義社会」に対しては様々な定義が可能であるが、ここでは、人々が集団の内部で協力しあっている程度が、集団間で協力しあっている程度よりもずっと強い社会として定義しておきたい。もちろんどの社会でも、人々が集団の内部で協力しあっている程度は、集団を越えて別の集団の人々と協力しあっている程度よりも強いだろう。

しかしここでは、この「内集団ひいき」の程度がとくに強い社会のことを集団主義社会と呼ぶことにする。

この意味での集団主義社会の典型は近代以前の伝統的な村落共同体である。現代でも、家族はこの意味での集団主義的な集団として考えることができる。このような集団主義的社会では、集団の内部では相互協力が簡単に成立しており、内部の仲間とだけつきあっている限りは、人に利用されたり搾取されたりしてひどい目にあうことを警戒する必要がない。

このような集団主義社会の一つの例として、自動車もバスも電車もなかった、そして舗装道路もなかったころの山奥の村を考えてみよう。

問　傍線部「集団主義社会」の内容についての筆者の説明として最も適切なものを一つ選び、番号をマークせよ。

1　集団に属する人々が、集団の内部で相互に協力し、集団の維持存続に貢献することを重視する程度がとくに強い社会

2　集団に属する人々が、集団に属する人々の能力を、集団の外の人々の能力より高く評価する傾向がとくに強い社会

3　集団に属する人々が、集団の外の人々と協力しあう程度に比べ、集団内部の人々同士で協力しあう程度がとくに強い社会

4　集団に属する人々が、個人の利益よりも集団の利益を優先して行動することを期待する程度がとくに強い社会

【ステップ30　解説】

傍線の説明を求めていますから、傍線とイコールの内容を考えていくことになります。この問題で厄介なのは、答えになりそうなところがいくつもあったことです。

例えば、傍線の直前です。「このように」とあります。この言葉の前後は言い換えの関係ですから、イコールです。そして、「このように」の前では「集団の内部では相互協力が簡単に成立しており、内部の仲間とだけつきあっている限りは、人に利用されたり搾取されたりしてひどい目にあうことを警戒する必要がない」とありました。

ここから、傍線＝内部で相互協力が成立しており、内部の仲間同士なら警戒しないでよい社会（X）だとわかります。一応、このXでもって答えを特定することもできますが、ちょっと長ったらしくていやですね。他には何かないでしょうか。

もう少し前からを見ると「『内集団ひいき』の程度がとくに強い社会のことを集団主義社会と呼ぶことにする」とあります。

ここから、傍線＝内集団びいきの程度が強い社会だとわかります。ただ、この内容でもイマイチ答えを特定できません。

では、はじめのほうはどうでしょう。「『集団主義社会』に対しては様々な定義が可能であるが、ここでは、人々が集団の内部で協力しあっている程度が、集団間で協力しあっている程度よりもずっと強い社会として定義しておきたい」と書かれていました。

ここから、傍線＝外部の集団との協力よりも、内部で協力している程度が強い社会だとわかります。ここと綺麗に一致するのが3ですから、3が答えです。

このように、答えのポイントがいくつもある場合がありますから、ご自身が見つけた答えの要素でうまく解けない時は、ほかの要素を探すよう心がけてみてください。

MEMO

第三章　傍線の理由は？

【ステップ31】

つまり食器は大きなうつわがひとつで、みんな手で食べている。地方の多くの食事はそのように洗面器ぐらいの容器にごはんをいれて、そこにたいてい魚を煮たものを煮汁とともにそっくりかけて食べている例が多かった。若い頃に見たそういう食事風景はそのままアジアの「貧しい風景」に見えた。

でもそれから十年ほどしてやはりそういう貧しい「手食ごはん」を食べている国々を歩き、同じような風景を見たとき、ぼくはむかしとはっきり考えかたが変わっている自分に気づいた。歳をとって見るそれは「とてもいい風景」に思えたのだ。

食べているものは変わらず質素だけれど、家族みんなしてひとつの食器の中のものを同じように食べている。そこでは今夜のごはんの味についての会話が必ず出ているだろうし、「もっとそこを食べろ」とか「お前はひとりで食いすぎる」などといった親と子の会話がいっぱい交わされていただろう。

こういう「手食」というのが「素晴らしい」ということに気がつくまで、ぼくは旅しながら十年もの年月が必要だったことを恥じた。

問　傍線部「恥じた」とありますが、「恥じた」理由として最も適切なものを次から選び、記号で答えなさい。

ア　若い頃の旅の中で好奇心をひかれる行為を目にしたにもかかわらず、自分で実際にやってみようともしないで十年もの年月が経ってしまったから。

イ　自分のいる世界の価値観にとらわれていたがために、手食が素晴らしいものであるということに長いあいだ気づけないでいたから。

ウ　若い頃の旅で見かけた「手食」の世界に触れて感じた悲惨さから目をそらしたまま、その後の人生をのうのうと生きてしまっていたから。

エ　若い頃に見た「手食」の光景が気にかかって以来その意味を考え続けてはいたが、自分ではその答えを出すことができなかったから。

【ステップ31　解説】

この31問目から、「傍線部の理由を考える問題」に入ります。

やはり傍線の前後（＝傍線がある一文）を見ることが大切です。実際に見てみましょう。

「こういう『手食』というのが『素晴らしい』ということに気がつくまでぼくは旅しながら十年もの年月が必要だったことを恥じた。」とあります。ここから、恥ずかしい理由は「手食の素晴らしさになかなか気づけなかったから」だとわかります。

そのことをとらえている選択肢はイしかありませんので、これが答えです。

今回はシンプルで、本当に傍線の直前を見るだけで答えを出せる問題でした。次からはもう少し複雑になりますが、そうなったとしても「前後をきちんと読む」ということが土台となります。頑張っていきましょう。

MEMO

【ステップ32】

植芝盛平先生は「懸命に修業を行い、色々な所を掻き分けて出て行ったら、川があり流れてきた板に掴まって、対岸に渡り悦の境地に達した時に、後ろをひょいと見たら弟子が誰も付いて来てなかった」夢を見たことがあるそうである。

その話を、多田先生から何度もうかがった。おそらくは多田先生ご自身も、「後ろをひょいと見たら弟子が誰も付いて来てなかった」という大先生の述懐が身にしみてきたからこそ、ついその逸話を思い出されるのであろう。その夢の話をうかがうだに師に対する申し訳なさで身の縮む思いがするのである。

そんな「師匠の後に付いて行けない」弟子の分際で、合気道について知ったようなことを書くことは本来許されないことなのであるが、合気道修業者の全員が専門家であるわけでもなく、また全員が名人達人であるわけでもない。

だとすれば、私のような凡庸な合気道家がこれまでどのような修業を行ってきて、その試行錯誤を通じて、どのような知見を獲得してきたのか、それを報告することも、それなりの有用性を持つのではないかと思う。

問　傍線「その夢の話をうかがうたびに、師に対する申し訳なさで身の縮む思いがするのである。」とあるが、その理由として最も適切なものを次の中から一つ選び符号で答えよ。

ア　著者が還暦を過ぎても未だ多田先生の弟子で居続けているから。

イ　著者が物書きを生業としている非専門家でありながら、多田先生に三十八年も師事し続けているから。

ウ　著者が合気道の専門家のための修業方法を熟知せずして、非専門家のための稽古方法を提唱しているから。

エ　著者が合気道の非専門家という立場でありながら、修業のことや修業から得られる知見を本に書こうとしているから。

オ　著者が長きにわたり多田先生のもとで修業をしているにもかかわらず不出来な弟子であると、自身を評価しているから。

【ステップ32　解説】

傍線部「その夢の話をうかがうたびに、師に対する申し訳なさで身の縮む思いがするのである」の理由を聞いている問題でした。理由を聞かれた場合の頻出アプローチとして、「まずは傍線とイコールの内容をつかむ」というものがあります。傍線とイコールの内容をつかみ、それの理由を考えていくのです。実際にやってみましょう。

傍線の頭に「その夢」とありますが、これはどのようなものでしょうか。これより前に出てくる夢は、「弟子が付いてこなかった」というものですね。つまり、傍線＝「弟子が付いてこなかった夢の話を聞くたびに申し訳ない気持ちになる（X）」だったということです。

それでは、このXの理由を考えましょう。傍線の後ろですね。筆者自身が、師匠に付いていけなかった弟子なのです。これはふがいないことですね。つまり、X「弟子が付いてこなかった夢の話を聞くたびに申し訳ない気持ちになる」の理由は、「師匠に付いていけなかった自分のふがいなさを自覚してしまうから（Y）」です。傍線＝Xで、Xの理由はYですから、Yも傍線の理由になりますね。式にまとめると次のようになります。

傍線＝X
Xの理由…Y
よって、
傍線の理由…Y

したがって、このYと合致する5が答えです。「不出来な弟子」という言葉が、ふがいないという内容をとらえています。

さて、この解き方は本当に頻出ですから、このアプローチで解く問題をしばらく並べます。

【ステップ33】

浅草花川戸の鳶の頭、故桶田彌三郎さんのお話を、何時間も録音したときのことを思い出した。うっとりするように歯切れのいい、スピーディで爽快な東京下町弁のお話を聞きながら、私はこれは文字とは馴染まない音声言語だと思った。

日本の仮名文字は母音がはっきりした、近畿地方のことばの、モーラを文字に対応させて作られたのではないかと思った（あるいは逆に、文字が早くから普及したから、近畿地方のことばがモーラ言語になったのか）。

事実、あとで現代日本語の研究者と一緒に、この録音を文字化しようとしたとき、私はほとんど絶望的な気持になった。もし、近似的に、このお話で使われていることばその意味内容から標準語の語彙として理解し、「シ」を「ヒ」にする程度の言語的修正を加えて文字化したとしても、もとの発話を知らない人がその文字テキストを朗読したとしたら、その文字から再音声化されたものは、はじめのお話のことばとは、似て非なるものになるにちがいない。

問　傍線部　私はほとんど絶望的な気持になったとあるが、それはなぜか。その理由の説明として最も適当なものを次の選択肢の中から一つ選び、その番号を答えなさい。

1　話している人々自身が学校教育を受けていない場合が多く、言葉が規格化されていないことが多いから

2　東京下町弁のことばの魅力は音の高低、強弱、長短などにあらわれ、それは文字化により消滅するものだから

3　言語表現の素晴しさが本来声の表現にあるかどうかは、文字を見ただけでははっきり分からないから

4　日本の文字は近畿地方の方言をもとに作られており、東京下町弁を表現できる字は原理上存在しえないから

5　規格化されていない自由な言葉はモシの言語表現とは違って明らかに文字化でないことに気がついたから

【ステップ33　解説】

傍線「絶望的な気持ちになった」の理由を考える問題でした。まずは直前からを読みましょう。「この録音を文字化しようとしたとき、私はほとんど絶望的な気持になった」とあります。また、絶望的な気持ちになっているということは、気持ちが沈んでいるということです。つまり、傍線「絶望的な気持ちになった」＝「この（樋田さんの東京下町弁の）録音を文字化したとき、気持ちが沈んだ［X］」になります。

では、Xの理由を考えましょう。傍線の後ろですね。「近似的に、このお話で使われていることばその意味内容から標準語の語彙として理解し、「シ」を「ヒ」にする程度の言語的修正を加えて文字化したとしても、もとの発話を知らない人がその文字テキストを朗読したとしたら、その文字から再音声化されたものは、はじめのお話のことばとは、似て非なるものになるにちがいない」とあります。

ここから、「いったん文字化してしまうと、樋田さんの話のよさが失われてしまう（Y）」のだとわかります。せっかくのよさが失われるのであれば、気持ちも沈むでしょう。要するに、YがXの理由になるということです。傍線＝Xで、Xの理由はYですから、Yも傍線の理由になりますね。したがって、このYと合致する2が答えです。

【ステップ34】

商売の話を申上げる。わが雑誌「室内」の別冊『建具読本』は、おかげ様で売切れた。返品率は取次店を平均しても十八パーセントを越えなかった。一方で返品して、一方で注文するのが取次店の常だから、返品は折り返し注文品と化して届けられ、版元に長くとどまることはなかった。

定価は千円に近く、返品率は十八パーセントなら、非常な好成績である。三か月で売切れたから、再版して取次店に持参させたら、要らないといわれた。こんなに売れているものを、要らないとは欲のない話だと笑ったが、実は笑いごとではない。取次店に委託して、全国書店に配本しなければ、版元は売ることができない。読者は買うことができない。そのカギは取次店がにぎっている。

取次店は本と雑誌の問屋に似た存在である。本や雑誌は版元がつくる。版元はいわばメーカーで、メーカーはじかに小売の本屋には配本しない。本屋は日本中になん千なん百軒とあるから、一軒ずつに配本して集金することは、したくてもできない。取次店へまとめて納めるよりほかはない。取次店はそれを本屋へ配本する。本屋は売れた分だけ支払って、売れない分は返品する。

問　傍線部について、「笑いごとではない」と述べているのはなぜか。最も適当なものを次の中から選び、記号で答えなさい。

イ　取次店は書店からの返品が多いときに再販本を扱ってしまうと、さらに返品されてしまい、商売にならないから。

ロ　取次店は書店からの注文をもとに本を印刷し流通させているので、版元が独自に印刷した本を扱ってしまうと商売にならないから。

ハ　版元は取次店経由で本を流通させているので、取次店に本を扱ってもらえないと商売にならないから。

ニ　版元は取次店からの返品が多くなってしまうと、新たな本を印刷するためのお金が入ってこなくて商売にならないから。

【ステップ34　解説】

傍線「笑いごとではない」の理由を聞いています。まずは直前からに注目です。「返品率は十八パーセントなら、非常な好成績である。三か月で売切れたから、再版して取次店に持参させたら、要らないといわれた。こんなに売れているものを、要らないとは欲のない話だと笑ったが、実は笑いごとではない」とあります。

ここを見れば、傍線＝「取次店にいらないと言われたら、笑っていられない（X）」だとわかります。それでは、このXの理由を考えましょう。傍線の直後に注目です。「取次店に委託して、全国書店に配本しなければ、版元は売ることができない。読者は買うことができない」とありますね。「取次店が流通を握っており、その取次店が扱ってくれないと読者に本を届けられない（Y）」のです。

これは非常に困ったことですから、笑えないですね。要するに、Xの理由はYだったということです。傍線＝Xで、Xの理由はYですから、Yも傍線の理由になりますね。したがって、このYと合致するハが答えです。

MEMO

【ステップ35】

また「恥の文化」と言われているように、日本人は欧米人にくらべて恥ずかしがりであり、恥をかくことを非常に恐れる。

江戸時代の借金の証文に、もし期日までに返済できなかった場合には「満座の中で恥をかかされても致し方なし」というのがあったそうであるが、シャイロックなら決してこのような証文は受け取らなかったであろう。

欧米でこのような証文を受け取るとんまな金貸しがいたら、貸金を踏み倒されてすぐ破産したであろう。日本人は恥をかくことを非常に恐れるわけで、赤面することは恥をかくことの一つの表われであるから、昔から赤面恐怖であると言える。

では、なぜ日本人は視線恐怖や赤面恐怖、つまり対人恐怖が強いのであろうか。人間が自分の安全や幸福、価値や名誉、美意識や倫理観など、要するに自我の安定を支え、あるいは脅かす大きな影響力をもっている対象を恐れるのは当然のことである。

日本人はその自我の安定を他の人たちに支えられて保っているがゆえに、対人恐怖が強いのである。

問　傍線部のように述べるのはなぜか。最も適当なものを次の中から選び、記号で答えなさい。

イ　欧米人と日本人とでは恥をかくことを恐れる度合いが異なるから。
ロ　欧米人は日本人に比べて金の貸し借りに無頓着だから。
ハ　欧米人も日本人のように恥の観念を持っているから。
ニ　欧米人にとっては金の貸し借りは恥ずべき行為ではないから。

【ステップ35　解説】

傍線「欧米でこのような証文を受け取るとんまな金貸しがいたら、貸金を踏み倒されてすぐ破産したであろう」の理由を答える問題です。

まずは傍線前半の「このような証文」という言葉に注目です。傍線の前に「江戸時代の借金の証文に、もし期日までに返済できなかった場合には『満座の中で恥をかかされても致し方なし』というのがあったそうであるが」とありますね。要するに、江戸時代には「期日までに返さなかったら恥をかかすぞ」といおどす証文があったと述べているのです。この証文が傍線部の「このような証文」に当たる内容です。

そして、傍線では、そのような証文なんて欧米では無視されると述べているのです。以上より、傍線＝恥をかかすぞという脅しは欧米では無視される（X）が成り立ちます。ではXの理由を考えましょう。文章の冒頭に注目です。

「日本人は欧米人にくらべて恥ずかしがりであり」とありますから、「欧米人は日本人と比べて恥を気にしない（Y）のです。だから、Xのように恥を欠かすぞと言われても気にしないのです。傍線＝Xで、Xの理由はYですから、Yも傍線の理由になりますね。したがって、このYと合致するイが答えです。

【ステップ36】

高さは六三四メートル。第一展望台までの移動時間はエレベーターで五〇秒。色は青っぽい。電波塔としての役割を担っている。これらは東京スカイツリーについて現実に成り立っている事柄であり、そして私たちはそうした事について語ることができる。

しかし、私たちが語ることができるのは、何も、現実に成り立っている事柄だけに限られない。もしかしたら成り立っていたかもしれない、つまり可能的な事柄や、成り立っていなければならない、つまり必然的な事柄について語ることもできる。

「スカイツリーはもしかしたらもう少し低く建設されていたかもしれない」、しかし電波塔としての役割を果すためにはある程度の高さがなければならない」といった具合である。可能的な事柄や必然的な事柄について述べるのに、ほかの表現を用いることもあるだろう。たとえば、「スカイツリーは東京タワーに揃えて赤に塗ることもできただろう。」、「とはいえ何色に塗られようと何らかの色を伴っているに違いない」というように。

問　傍線部「私たちが語ることができるのは、何も現実に成り立っている事柄だけに限られない」とあるがそれはなぜか。その説明として適当なものを一つ選び記号で答えなさい。

1　現実に成り立っている事柄について、そうであったかもしれない事柄やそうであるべき事柄などの様々な可能性の範囲を考慮しながら思考することができるから

2　ある事柄について、自然界の普遍的なルールに則っているか、論理的な整合性を満たしているかなどと考えることによって、その事柄が成り立つ範囲はおのずと変化するから

3　ある事柄について、その事柄が成立したり発生したりする可能性を現実に成り立っている自然法則に求め可能な事柄と不可能な事柄の範囲を定めようとするから

4　自然法則に反するような事柄については形而上学的に、形而上学的に成り立ちえない事柄については論理的にという順序で、複数の概念的な範囲を用いて思考しているから

5　ある事柄が起こる可能性の根拠に法則性や論理性など様々な範囲での必然性を置き、現実世界での経験上必然的に成り立つ様相を定めようとする思考の方向性をもっているから

【ステップ36　解説】

傍線「私たちが語ることができるのは、何も現実に成り立っている事柄だけに限られない」の理由を聞いている問題でした。この傍線は、「現実に成り立っていない事柄も語ることができる（Xと置きます）」という内容ですね。傍線＝Xです。

このXの理由を考えていきます。傍線の直後をご覧ください。「もしかしたら成り立っていたかもしれない、つまり可能的な事柄や、成り立っていなければならない、つまり必然的な事柄について語ることもできる」とあります。

現実に成り立っていなくても、「可能性がある事柄や、必然的な事柄なら語ることができる（Y）」のです。このYは、Xの理由になりますね。実際に、現実に成り立っていない事柄を語っているのですから。

さて、傍線＝Xで、Xの理由はYですから、Yも傍線の理由になりますね。したがって、このYと合致する1が答えです。

MEMO

【ステップ37】

即興演奏という手段によって、そしてまた、非西欧の民族的伝統音楽をある程度まで参考にすることによって、前衛音楽家たちは、筆記性の否定（否定とまではいかないにしても、少なくともその「希薄化」）を試みたわけだが、興味深いことに、その試みは、ある意味で、それまでの芸術音楽と他のポピュラー的音楽（ジャズ、ロック、いわゆるポピュラー・ミュージック等）との間にあった溝を埋めるような結果を産んだ。

こうした、筆記性の衰退という十数年前以来の事態を目の当たりにして、今日、作曲家たちは、再び、「作曲とは何か」という問題を問い直しつつある。多くの作曲家たちは、もう一度、「書くこと」の可能性を探り始めた。

筆記性を否定した口述的音楽の洗礼を受けた後で、作曲家たちは、西洋近代の音楽伝統の根幹であり続けてきた「筆記性」を、距離をとって見ることができるような位置に至った、と言えるだろう。それは、伝統を単に受けいれて引き継ぐことでもなく、単に拒絶することでもない。

「書くこと」の新たな形での復権が成されるとき、そこに、単なる否定ではない、「近代」の超克が達成できるのではなかろうか。そういう期待をもって活動している作曲家は、「ジャズは好きですか？」という問いに、漠然と「いいえ」とだけ答えてしまうことになるのだ。

問　傍線部「そういう期待をもって活動している作曲家は、『ジャズは好きですか？』という問いに、漠然と『いいえ』とだけ答えてしまうことになるのだ」とあるが、なぜ「漠然と『いいえ』とだけ答えてしまうことになる」のか。その理由として最も適当なものを、次から選べ。

1. ジャズは、すでに乗り越えられたものであるから。
2. ジャズは、あまりに日常性と結びつきすぎて芸術的な音楽には向かないから。
3. ジャズは、「書くこと」を考える上では参考にならないから。
4. ジャズは、口述性を持つ乗り越えなければならない課題であるから。

【ステップ37　解説】

傍線の理由を聞いている問題でした。傍線のはじめに「そういう期待を持って活動している作曲家」とありますね。この内容を明らかにして、傍線とイコールの内容を作りましょう。傍線の直前からに注目です。『書くこと』の新たな形での復権が成されるとき、そこに、単なる否定ではない、『近代』の超克が達成できるのではなかろうか。そういう期待をもって」とありますね。

ここから、そういう期待をもって活動している作曲家とは「書くことの復権を望む作曲家」だとわかります。要するに、傍線「そういう期待をもって活動している作曲家は、「ジャズは好きですか?」という問いに、漠然と「いいえ」とだけ答えてしまうことになるのだ」＝「書くことの復権を望む作曲家はジャズが好きではない（X）」だったということです。

では、このXの理由を考えましょう。文章の前半に「ポピュラー的音楽（ジャズ、ロック、いわゆるポピュラー・ミュージック等）との間にあった溝を埋めるような結果を産んだ。つまり、ポピュラー系の音楽では、もともと、筆記的「テクスト」の重要性は極めて希薄なものでしかなかった」とありますね。「ジャズは筆記（書く）という要素が薄い（Y）」のです。だから、書くことの復権を望む作曲はジャズを好きになれないのですね。ライバルと言ってもいい存在だからです。さて、傍線＝Xで、Xの理由はYですから、Yも傍線の理由になりますね。

したがって、このYと合致する4が答えです。口述性という言葉は、口で述べるという意味で、「書かない」ことを表しています。

【ステップ38】

ここで仮に「創造的な核」と名付けてみたものが原文テクスト内に現れるとき、それは含蓄に富んだ、多様な解釈を許容する表現という形をとるだろう。もちろん、言語化されぬまま、それが原文テクストの空隙や沈黙としてとどまっている場合もある。

どちらにしても、それを翻訳することは困難を極めるだろうし、かりに翻訳できたとしても、訳語や訳文が一義的に決定されるとはまず考えにくい。原文のこうした箇所に、解釈の幅を残さぬような訳文を与えてしまうことは、むしろ、誤訳とさえ言える。もちろん原文の難所は、それを母語とする読者といえども、容易に解読したり、その意味するところを言い当てたりできるものではない。

そうした解釈も翻訳も困難な原文の難所については、翻訳を重ね、他言語でもって繰り返しなぞっていくことくらいしか、その核心に接近していく手立てはないのかもしれない。少なくとも、原文の解釈困難な箇所を、単一言語の枠内に留めることなく、複数言語に向けて開いていくことが、有効な接近手段の一つであることだけは間違いないだろう。

原文の「創造的な核」が――あるいはテクストの空隙や沈黙が――異なる言語・文化に共振を引き起こすとしたら、それはまさにこういう恣意的な回路を介してでしかない。優れた文学作品はこうして様々に解釈され、多様な言語に翻訳され、読み継がれていく。そうしてその「死後の生」を豊かにし、さらなる成熟を遂げていくのである。

問　傍線部「むしろ誤訳とさえ言える」とあるが、筆者がそのように述べる理由として最適なものを次の①～⑤から選び、記号をマークせよ。

①　自国の言葉では説明不可能な概念を使って表現されている箇所であるから。
②　直訳せず意訳を施すことは、原文の正確な解釈を阻害するものであるから。
③　ヒーロー像の特異性やユーモアな語り口が際立っている箇所であるから。
④　言語や文化ごとで解釈のされ方が大きく異なり得る箇所であるから。
⑤　含蓄に富み、本来的に様々な解釈が許容され得る箇所であるから。

【ステップ38　解説】

傍線の理由を聞いている問題でした。まずは傍線の直前からに注目です。「むしろ、誤訳とさえ言える」とあります。「解釈の幅を残さぬような訳文を与えてしまうことは、むしろ、誤訳とさえ言える」とありますね。ここから、傍線「誤訳とさえ言える」＝「解釈の幅がない訳は間違いかもしれない（X）」だとわかります。

ちなみに、解釈の幅がないと言ったら、解釈の余地がないという意味ですね。では、このXの理由を考えましょう。傍線の5行前からをお読みください。

「含蓄に富んだ、多様な解釈を許容する表現という形をとるだろう」とあります。ここから、「原文には多様な解釈ができる可能性もある（Y）」とわかります。

多様な解釈のできる文章に、解釈の余地がない訳を与えてはいけません。だから筆者は傍線で「間違いかもしれない」と指摘しているのです。

要するに、Xの理由はYだったということです。さて、傍線＝Xで、Xの理由はYですから、Yも傍線の理由になりますね。したがって、このYと合致する5が答えです。

MEMO

【ステップ39】

しかし、歴史の永い伝統は、その証拠が、長い長い謬《あやま》りをふみしめ、あるいは、足をたびたびふみ滑らしながらも、より高く、より高く立ちあがって来ていることを示しているのである。こう考えると二十万年という人間の長い長い歴史が、何かいじらしいような気持にさえなって来るのである。この感じが、一口で言えば、ヒューマニズムとでもいうべき感じなのである。

人間が、言葉を発見したということは、手を自由にして、二つの足で立ったよりも、もっと根本的なことであった。このことから、人間は、この宇宙に、秩序があるらしいこと、法則があるらしいことに気付きはじめ、それを確かめたのである。

宇宙が何も知らないのに、人間は、宇宙の秩序を、一人一人自分の中に写し取ることができるものとなったのである。生まれて、死ぬるまで、百年に充たない、取るにたらない、はかない存在であるのに、しかも、宇宙の秩序をいささかたりとも、探り求める存在として、自らを創造したのである。そして、さらに物の中にだけ、法則があるのではなくして、第一に、人間と物との間にも、また第二に人間と人間の間にも、秩序があるらしいことに気付き、それを、絶えず探し求めているのである。

問　傍線部「何かいじらしいような気持にさえなって来る」のはなぜか。最も適切なものを一つ選び、マークせよ。

1　はかない存在でしかない人間が宇宙に秩序や法則があるらしいことに気付きはじめ、長い長い歴史を通してそれ絶えず探り求めてきたから。

2　取るにたらない存在である人間が百年に充たない限られた人生の中で宇宙の秩序や法則を認識し、そこに美しさを創り出そうとしてきたから。

3　はかない存在でしかない人間が長い歴史の中で謬りを重ねつつも、それに耐えながら探究心をもって秩序や法則を創造しようとしてきたから。

4　取るにたらない存在である人間が謬りを繰り返しながら自らを高めていき、謬りの中に秩序や法則があることを見つけ出そうとしてきたから。

【ステップ39　解説】

傍線の理由を聞いている問題でした。その傍線の中に「いじらしい」とあります。ちょっと難しい言葉ですね。これは、相手に同情したくなってしまうという意味で、要するに相手にプラスの気持ちを持っているということを表しています。さて、まずは傍線の直前からに注目です。「人間の長い長い歴史が、何かいじらしいような気持にさえなって来るのである」とありました。先の「いじらしい」の意味を踏まえてここを読めば、傍線＝「人間の歴史に対して、プラスの気持ちを持つ（X）」だとわかります。

では、Xの理由とは何でしょうか。文章の後半をご覧ください。「はかない存在であるのに、しかも、宇宙の秩序をいささかたりとも、探り求める存在として、自らを創造したのである」と書かれています。宇宙の秩序を探り求めるというのは、壮大なことです。要するに、たいしたことない存在である人間が、壮大なことをしているのでした。これは、X「人間の歴史に対して、プラスの気持ちを持つ」理由になります。まとめると、Xの理由は、「儚い存在なのに宇宙の秩序を探りもとめているから（Y）」です。傍線＝Xで、Xの理由はYですから、傍線の理由もYですね。したがって、Yと同内容の1が答えです。なお、秩序や法則があることも傍線の3行後からに書かれていますので、傷にはなりません。

【ステップ40】

最初にこうしたユーモアに触れたとき、私は本当に頭がくらくらするような衝撃を受けてしまいました。なぜなら、私が思い込んでいた障害者のイメージとあまりにもかけ離れていたからです。もちろん、すべての障害者がユーモラスというわけではないでしょうし、あるときはユーモラスな人が別のときにはそうでないこともあるでしょう。もしかしたら家にひきこもっていたい時間の方が長いかもしれない。そのことは承知のうえで、でも率直な感想として、そうしたユーモアが私の障害者に対するイメージを覆したのは事実でした。

まず、障害のある人の発言で笑う、という経験が新鮮でした。そのころはまだ、見えない人との関わりが浅い時期だったので、無意識のうちに自分が「ホスト役（注・もてなす役）」の気分でいたのです。ところが、見えない人が場を盛り上げ、自分がそれに乗っかるような形になった。その関係が新鮮でした。

もっとも、関わりが深くなるにつれて、視覚障害者で話し上手な人や話し好きな人が意外と多いことを知りました。ある人は、「ぼくたちにとって表現のツールは限られている。だから言葉で相手の心をつかめるように努力している」と語っていました。確かに、そのように心がけているうちに自然と話し上手になった人が多いのかもしれません。

問　傍線部「最初に……衝撃を受けてしまいました」とありますが、このとき筆者がこのような衝撃を受けてしまった理由として最も適切なものを次から選び、記号で答えなさい。

ア　視覚障害者の話に笑わされるという経験が新鮮で、筆者が無意識に持っていた先入観が覆されたから。

イ　視覚障害者が笑い話をして、場が暗くならないように気を使ってくれることをうれしく思ったから。

ウ　視覚障害者の笑い話がおもしろく、自分も日常生活の中で今まで以上に楽しむことができるとわかったから。

エ　視覚障害者が場を盛り上げるために、話し上手になる努力をしたことが筆者に伝わってきて感心したから。

【ステップ40　解説】

傍線の理由を聞いている問題です。今回は今まで違い、最初に理由が分かるというパターンです。まずは傍線からを読んでみましょう。「最初にこうしたユーモアに触れたとき、私は本当に頭がくらくらするような衝撃を受けてしまいました。なぜなら、私が思い込んでいた障害者のイメージとあまりにもかけ離れていたからです」とあります。傍線直後の「なぜなら」がポイントです。これは後ろに理由があるときに使う言葉ですから、もうここを見れば、傍線の理由は「障害者のイメージが思い込んでいたものと違っていたから（X）」になります。では、筆者の思い込みとはどのようなものでしょうか。傍線の後ろに「まず、障害のある人の発言で笑う、という経験が新鮮でした」と書かれていますから、筆者の思い込みとは、「障害者はユーモラスではない」だとわかります（※ほかにも参考になるところはありましたが、割愛します）。これで、X「障害者のイメージが思い込んでいたものと違っていたから」＝「障害者はユーモラスではないという思い込みと違っていたから（Y）」だとわかりました。傍線の理由がXで、X＝Yですから、Yも傍線の理由となります。

したがって、Yと同内容のアが答えです。イですが、「思い込みと違った」という内容がないですね。アは「先入観が覆された」がそれにあたりますから、アの方が適切です。

【ステップ41】

先に述べたとおり、自己は外部との関係性によって形成されるものだ。しかし関係性をそのままの形で維持しようとすることには無理がある。

外部環境に支配された状態、あるいは環境に最適化した状態が続くと、ダイナミズムを失い窒息してしまう可能性もあるからだ。人間関係で考えてみるとわかりやすいかもしれない。いつも同じメンバーとだけ付き合い続けていると、自分のキャラが固定されて、そこから逃れるのが難しくなってしまう。

また、過剰な人間関係は、人を息苦しくさせる。これは、ムラ社会の閉塞感やSNS上で、様々な人への反応を余儀なくされる状況を考えればわかりやすいと思う。あれやこれやのコメントに「いいね」を押し続けることが強要される状態など考えただけで窒息してしまいそうだ。

そういう場合はつながりを切断する必要がある。しかし、やみくもに片っ端からつながりを切断すると、孤立、孤独という現代病に陥ることになる。さらには自己を失うことにもなりかねない。

問　傍線部「自己を失うことにもなりかねない」理由として最も適当なものを、次のなかから一つ選び、その番号をマークせよ。

1　自己とは、外部環境と関係性をもつことで成立しているものであるから
2　孤独にさいなまれた結果、自分自身を正常に保つことができなくなるから
3　他人との絆を求めようともがき、葛藤し続けなければならなくなるから
4　他人に承認されたいという欲求が満たされないことで自我が崩壊するから
5　周囲との関係が破壊され、環境になじめなくなり、居心地が悪くなるから

【ステップ41　解説】

傍線の理由を聞いている問題です。まずは傍線の直前からに注目です。

「つながりを切断すると、孤立、孤独という現代病に陥ることになる。さらには自己を失う自己を失いかねないことにもなりかねない」と書かれています。さて、なぜ自己を失いかねないのでしょうか。ここを見れば、つながりを切断するからですね。ということで、傍線の理由は「つながりを切断したから（X）」です。

ただ、このXでもって選択肢を選ぶことはできません。どの選択肢もXの内容をとらえているように思われるからです。ではどうしましょう。このXとは本文においてどのようなものだったかを探るしかありません。要するに、Xとイコールの内容を探していきましょう、ということです。

文章の冒頭に注目です。「自己は外部との関係性によって形成されるものだ」と書かれていました。つながりを切断したら、外部との関係性は失われますから、自己が形成されることもありません。したがって、X「つながりを切断したから」＝「外部との関係性による自己の形成ができなくなるから（Y）です。傍線の理由がXで、X＝Yですから、Yも傍線の理由になりますね。Yをとらえているのは1ですから、これが答えです。

【ステップ42】

萱野稔人は、フーコーの言う暴力を解説して、「暴力は、相手の身体にそなわっている力能を物理的に上まわる力によって、その身体を特定の状態（監禁、苦痛、死……）に置くように作用する」と述べている。

権力が相手の行為に働きかけて、相手に行為させるのに対し、暴力は相手の身体に働きかけて、相手を特定の状態に置く。つまり、権力は相手の行為する力を利用するが、暴力は行為する力そのものを抑え込む。

フーコーが暴力を定義するにあたって、「受動性」の語を引き合いに出していることは非常に興味深い。そしてこの説明は的確である。

暴力関係において、暴力を振るう者は能動的な立場にいて、暴力を振るわれる者は受動的な立場にいる。暴力の行使が成功した場合、相手は完全に受動的な状態に置かれる。その意味で、暴力関係は能動と受動の対立のなかにある。

問　傍線「暴力の行使が成功した場合、相手は完全に受動的な状態に置かれる」とあるが、なぜか。その説明として最も適切なものを次の中から一つ選んで、番号をマークせよ。

① 権力の行使は、しばしば暴力を限定的に用いることで暴力の恐ろしさを相手に理解させることができるから。

② 暴力と権力の行使の関係には、能動性と受動性の対立のほかに、能動性と中動性の対立を想定することができるから。

③ 暴力の行使は、行為を規定しつつ産出することで、暴力のみならず、権力の効力をも減少してしまうことがあるから。

④ 暴力の行使は、相手の行為に働きかけて、ある程度の自由を与え、能動性を残しているから。

⑤ 暴力の行使は、相手の行為する力そのものを押さえ込み、あらゆる可能性を剥奪してしまうから。

【ステップ42　解説】

傍線の理由を聞いている問題です。冒頭に「暴力」とありますね。そして、5行目にも暴力という言葉が出ています。同じことば、似ている言葉が出ているところは怪しいので要チェックです。

では、その「暴力」から読んでみましょう。

「暴力は行為する力そのものを抑え込む。」とありますね。

「行為する力を抑え込む（X）」のであれば、傍線にある通り、受動的な状態に置かれるでしょう。ということで、傍線の理由はXでした。そして、そのXと同内容になるのは⑤しかありませんので、⑤が答えです。

―こういった、傍線と同じ言葉、似た言葉が出ているところに着目して、その前後を読めば答えを出せる、という問題もちょくちょく出てきますから、おさえておいてほしいです。

このパターンをもう二問繰り返します。がんばってください。

MEMO

【ステップ43】

よく知られているように、音楽を「書き記す」という伝統は、中世後期からルネサンスの記譜法の発明に端を発する。それ以前の音楽は、基本的には口頭伝承に依存したものであったわけだが、合理的な記譜法の発明は、そうした音楽を紙の上に書き留めて保つことを可能にしたのである。そして、ルネサンス期に、そうした記譜法が、更に、ひとつひとつの音の高さや長さを合理的に正確に示し得るように改められてゆくにつれて、かつての口頭伝承依存の時代には思いもよらなかったような、非常に複雑な音楽が可能になってくる。

こうした複雑な音楽は、書き記されない限り伝達し得ないというばかりではなく、その作曲そのものも、「書くこと」に依存してはじめて可能になる。それは、一篇の長大な小説や論文を執筆する文筆家の創作過程になぞらえてみればわかりやすいかもしれない。つまり、文筆家は、頭の中で自分の作品を完成してからそれを機械的に文字として書きつけてゆくわけではなく、書きながら考え、推敲を重ねることによって、徐々に自らの作品を実現してゆく。

その意味では、「書くこと」なしには、考えを進めることもできず、したがって、その創作過程は、「書くこと」に依存している、と言えるだろう。

問　傍線部「非常に複雑な音楽が可能になってくる」とあるが、音楽を「書き記す」ことで、どうして「非常に複雑な音楽が可能」になるのか。その理由として最も適切なものを、次の①〜④のうちから一つ選べ。

①　書くということは頭の中で自分が考えたことを目に見えるような形にすることであり、内的感情という複雑で表現しにくいものが表現できるようになるから。

②　書くことで、ひとつひとつの音がしっかりと固定化し、それまでは曖昧な記憶に頼りがちであった音楽を、正確に演奏することができるようになるから。

③　書かれたものを見ることで音の長さや高さなどの細かい違いまで検討しながら、種々の旋律を組み合わせることができるようになるから。

④　書くことによって、ひとつのまとまりのある音楽を表現することが可能になり、音楽をより秩序だったものへと近づけていくことができるようになるから。

【ステップ43　解説】

書き記すと複雑な音楽が可能になる理由を聞いている問題です。傍線をつけておきましたが、「書き記す」という言葉がポイントです。

同じ言葉、似た言葉が出ているところは怪しいのでした。まずは傍線の2行前です。「記譜法」とあります。記譜と言ったら、書くことを意味しますから、「書き記す」と似ていますね。怪しいです。それを踏まえてここからを読むと、「記譜法が、更に、ひとつひとつの音の高さや長さを合理的に正確に示し得るように改められてゆくにつれて…」とあります。

要するに、書くと「音の高さや長さを表現できるようになる（X）」のだとわかります。そうなれば、傍線のように複雑な音楽を作ることもできるようになるでしょう。すなわち、傍線の理由はXだったということです。

また、本文の後ろにも注目です。「『書くこと』なしには、考えを進めることもできず…」とあります。ここにも「書くこと」とありますから、「書き記す」に似た表現が出ていますね。怪しいと思いつつここを見てあげれば、書き記すことで「考えを進めることができる（Y）」

と分かります。このYも複雑な音楽が可能になる理由ですね。深く考えれば、複雑なものも作れるでしょう。要するに、XとYが答えだったわけですが、これらと合致する③が正解です。①は「内的感情」が残念ですね。表現できるのは「高さや長さ」です。

【ステップ44】

公立学校の教師の給料は安いだけでなく、専門性の高さ（実際には学歴）と年功序列でほとんど決まる。実際の教育内容や教育の成果に応じて給料が上がるわけではない。すると教師が一名しかいない学校では、しばしば教師がずる休みをする。教師が出勤してきたにしても、極端な複式学級のもとで生徒が学べる内容は限られる。このように質の低い公立学校での教育を目の当たりにすれば、貴重な労働力ともなる子供を学校に行かせる必要はないと、貧困層の親が考えることは無理のないことだ。

この文脈において、あるCCBプロジェクトによる農村道路整備の事例は興味深い。それまでの村の小学校は、天気が悪いと道がぬかるんで先生がこないので、休校が頻繁に生じ、学校として機能しているとは言い難い状況であった。

ところが、道ができたことによって、貧困層の子どもたちまでもが隣村の大きな学校に通えるようになった。住民が農村道路の建設を計画したときに、この副次効果まで見越していたかどうかは定かでないが、賢明な選択だった。

問　傍線部「あるＣＣＢプロジェクトによる農村道路整備の事例は興味深い」とあるが、なぜ興味深いと言うのか。次のア～オから最適なものを選び、記号をマークせよ。

ア　子供の貴重な労働力も確保でき、子供を学校にも行かせる二重の成果があった事例だから。

イ　道路がよくなればおのずと学校が機能するという効果を企図し、見事に成功を収めた事例だから。

ウ　教育問題よりもまずは道路整備のプロジェクトが優先するのだという具体的な事例だから。

エ　ＣＣＢプロジェクトが地域住民の要望をしっかりと受けとめて成果を収めた事例だから。

オ　当初の計画意図には必ずしもなかったが、結果として教育アクセス改善にもなった事例だから。

【ステップ44　解説】

傍線の理由を聞いている問題でした。傍線の中にある「農村道路整備」という言葉に注目です。

傍線の二行後に「農村道路の建設」とありますね。この言葉は「農村道路整備」とほぼ同じ意味です。道路を建設するということは、きちんと道路を整備したということです。同じ意味の言葉があるところは怪しいのでした。

では、この言葉の前後に注目しましょう。「道ができたことによって、貧困層の子どもたちまでもが隣村の大きな学校に通えるようになった。住民が農村道路の建設を計画したときに、この副次効果まで見越していたかどうかは定かでないが、賢明な選択だった」と書かれています。

道路整備によって、「貧困層の子どもが学校に行けるようになったという副次効果が生まれた（X）」のですね。このようなおまけの効果も生まれたので、傍線で興味深いと述べているのです。以上より、傍線の理由はXなので、それと合致するオが正解です。「教育アクセス改善」という言葉が、「学校に行けるようになった」ことを表しています。

MEMO

【ステップ45】

同じことがまた、経営の歴史においても言えます。確かに、過去の経営史を紐解いてみれば、優れた意思決定の多くは、論理的に説明できないことが多い。つまり、これは「非論理的」なのではなく「超論理的」だということです。一方で、過去の失敗事例を紐解いてみると、その多くは論理的に説明できることが多い。つまり「論理を踏み外した先に、いくら直感や感性を駆動しても、勝利はない」ということです。

本書のテーマは、経営における「アート」と「サイエンス」のバランスですが、これを「論理」と「感性」のバランスと言い換えた場合、短兵急に両者のどちらが優れているのかという論点を設定してしまいがちです。しかし、そういったガサツで目の粗い思考からは、経営という複雑な営みへの示唆を抽出することはできません。

経営の意思決定においては「論理」も「直感」も、高い次元で活用すべきモードであり、両者のうちの一方が、片方に対して劣後するという考え方は危険だという認識の上で、現在の企業運営は、その軸足が「論理」に偏りすぎているというのが、筆者の問題提起だと考えてもらえればと思います。

問　傍線部「『論理』と『感性』につき『短兵急に両者のどちらが優れているのかという論点を設定』する考え方」について、「ガサツで目の粗い思考」と否定的に評価している理由として最も適切なものを次の①〜⑤のうちから一つ選び、その番号をマークせよ。

①「非論理的」な意思決定は負けに直結するから。
②「論理」に偏りすぎた企業運営から生まれる考え方だから。
③直感を働かせる前に、論理で考えることも必要だから。
④過去の優れた意思決定の多くは、「感性」や「直感」に基づいているから。
⑤「論理」と「感性」は、状況に応じて使い分ける必要のあるモードだから。

【ステップ45　解説】

いよいよラストの問題です。純粋に理由を探していく問題を選びました。さて、設問がすこしややこしいですね。要するに「論理と感性のどちらが優れているか考えるのは間違っている（X）」と考える理由は？　と聞いているのです。では、Xの理由はどこにあるか探していきましょう。

傍線の少し後ろですね。「経営の意思決定においては「論理」も「直感」も、高い次元で活用すべきモードであり、両者のうちの一方が、片方に対して劣後するという考え方は危険」と書かれています。直感というのは、感性とほぼ同じ意味で使われる言葉ですから、要するにここでは「感性も論理もどちらも必要だ（Y）」と述べているのです。

このYはX「論理と感性のどちらが優れているか考えるのは間違っている」と考える理由になります。両方必要なのだから、どちらがより良いものかという話じゃないでしょ、ということです。

さて、このYと合致するものを選ぶわけですが、それは⑤ですね。③は「論理が先」という内容ですが、順番については本文中で触れられていません。また、④も若干怪しいですが、過去どうであったかということにも触れられていませんから、やはり⑤がベストでしょう。

おわりに

お疲れ様でした。まずは最後までお解きいただいたことに御礼申し上げます。

「イコールの内容を考えましょう」ということばかり書いていたなあ…というのが正直な印象です。ただ、そうなるのは必然で、要するに現代文とはそれを見抜くことで答えを特定する科目なのです。

解説のパートでさんざん申し上げましたが、説明せよと言われた時も、空欄に入る言葉を考える時もイコールの内容を探すのです。理由説明の問題ですらそうでしたね。引き続きその力を伸ばしていただければと思います、

ちなみに、傍線の具体例となる選択肢は？　と問う問題でもイコールの内容を探します。野菜の具体例は（本当に一例ですが）茄子です。受験の世界では、両者（野菜と茄子）をほぼイコールのものととらえます。どちらも「野菜」だからです。

ということで、具体例はほぼイコールのものですから、具体例がらみの問題でも結局イコールの内容を考えるのです。また、「本文の内容と合致している選択肢にはA、合致しない選択肢にはBとマークせよ」といった問題もあります。

これもイコールの内容をつかむ力がカギを握ります。17行目と4の選択肢は同内容だな、と

わかれば4にAとマークできるわけですが、これは17行目と4がイコールだと見抜けているということでしょう。

理由を考える時の定番パターンを覚えておいでですか？　傍線とイコールのXを見つけ、Xの理由を考えていく…という流れです。これもかなり応用が利きます。たとえば、傍線の魅力は何ですか？　と聞かれた場合です。

理由と同じように、まずは傍線とイコールのXを見つけます。そして、Xの魅力がわかれば、それは傍線の魅力にもなるのでそこが答え、ということです。傍線に必要なことは？　と聞かれたらどうでしょう。まず傍線とイコールのところを見つけ、それに必要なものを見つけたら、やはり解決ですね。

要するに、本書でご紹介できなかったタイプの設問も、これまで学んだ解法をちょっと応用すれば対処できるということです。

これまでの解説がこれからの学習の土台になってくれればと思いますし、そうなるよう配慮して解説を書き、出題順序を練ったつもりです。土台を固めぬまま入試に行く方も多くいらっしゃいますから、本書を通してしっかりと基礎を固めれば、それだけで中堅大の合格ラインには届きます。

逆に言えば、難関大を目指す方はさらに難しい問題への対処をこれから学んでいくことになります。

そこで、難しい問題の定義とはどのようなものか、ここで明らかにしておきましょう。まず「この二つをイコールだと見抜くのは、かなりハードルが高いのでは…?」というケースです。例えば、(もちろん前後関係にもよりますが)「連続したものになる」と「融合する」はイコールです。これ、かなり難しいですよね。なぜイコールになるかと言えば、どちらも一つになることを意味しているからです。

一口にイコールの内容をつかめと言っても、実はそこに温度差があります。簡単なイコール関係もあれば、難しいイコール関係もあるのです。では、どうすれば難しいイコール関係を見抜けるようになるでしょうか。語彙力の養成? 確かにそれも必要です。

ただ、最も大切なのは、普段の学習姿勢です。なぜここがイコールなのか、それを普段から考えつつ取り組んでいるからこそ、イコールの内容を見抜く力が高まるのだと思います。

また、傍線と答えになる場所が離れているケースも、難易度が高いシチュエーションと言えるでしょう。そういった類の問題を突破するのに必要なのは「視野狭窄的になる態度」です。

要するに、設問を読み、傍線の前後を読んで「どんな内容を探せばよいのか」を明確にしたら、その内容のことだけを考えて答え探しをしていくのです。答えのイメージを明確にし、それに絞って考えていく…といえばいいでしょうか。あれこれ考えた結果、思考がとっ散らかってしまい、分からなくなるというのはよくある話です。「この内容を探すんだ！」と答えのイメージを明確にし、それを探していくという姿勢が求められるでしょう。

また、単純に文章の難易度が高すぎるという場合もあります。ただ、これに対する答えは単純です。文章自体が難しかったとしても、問題に対するアプローチは変わりません。本書で紹介した解き方を機械的にこなしていけば、「本文自体はよくわからなかったけど、答えになる場所は分かった」という状況は作れます。

ちなみに、本文を一読した段階ではちんぷんかんぷんだったが、問いを解いた結果理解が深まったというのも「あるある」です。そういう風になれたら、よりよいですね。

さて、機械的に解けるようになりたいと申しましたが、どうすればそうなれるでしょうか。数をこなすことだと思います。中学の頃の数学を思い出してください。公式を先生に教わっただけで、すらすら解けるようになったでしょうか。その公式を使って類題をたくさん解いたから、そうなったのだと思います。

現代文も同じです。数をこなすことで、対処法を体に覚えさせるイメージです。そうすれば、超難解な文章であっても、機械的に対処できるようになります。

本書で固めた基礎を生かしつつ、これからの学習に臨んでいただきたいと思っております。これからの受験勉強が実りあるものになるよう、心より祈念いたします。最後までお読みいただき、ありがとうございました。

長島 康二

◆著者プロフィール

長島 康二（ながしま こうじ）

読解ラボ東京代表／増田塾講師
学生時代から予備校や高校の教壇に立ち、大学受験の現代文を指導。現在は読解ラボ東京の代表として、授業はもちろん、教材作成や講座開発も行い、様々な側面から現代文という科目を研究している。
また、その傍らで有名高校や増田塾などの予備校でも現代文の授業を担当し、点数を上げることに特化した授業で好評を博す。
受講者からは「現代文という科目のとらえ方が変わった」・「答えになる部分が面白いほど見えてくるようになった」といった声が寄せられている。

大学入試現代文・一問一答

2021年7月15日　初版第1刷発行

著　者	長島 康二
発行者	池田 雅行
発行所	株式会社 ごま書房新社 〒102-0072 東京都千代田区飯田橋3-4-6 新都心ビル4階 TEL 03-6910-0481（代） FAX 03-6910-0482
カバーイラスト	（株）オセロ 大谷 治之
DTP	海谷 千加子
印刷・製本	精文堂印刷株式会社

ISBN978-4-341-13266-8 C7081